ERIK HORNUNG

GRUNDZÜGE DER ÄGYPTISCHEN GESCHICHTE

ERIK HORNUNG

GRUNDZÜGE DER ÄGYPTISCHEN GESCHICHTE

PRIMUS VERLAG

Einbandgestaltung: Jutta Schneider, Frankfurt

1. Auflage 1965
2., überarbeitete und erweiterte Auflage 1978
3., gegenüber der 2. unveränderte Auflage 1988

Die Deutsche Bibliothek – CIP-Einheitsaufnahme

Hornung, Erik:
Grundzüge der ägyptischen Geschichte / Erik Hornung. – 4., unveränd. Aufl. – Darmstadt: Primus Verl., 1996
ISBN 3-89678-019-0

Lizenzausgabe 1996
für den Primus Verlag, Darmstadt

4., unveränderte Auflage 1992

Gedruckt auf säurefreiem und alterungsbeständigem Werkdruckpapier
Printed in Germany

ISBN 3-89678-019-0

INHALT

EINLEITUNG

Wo immer der moderne Mensch, in Befremdung oder in innerer Verwandtschaft, dem alten Ägypten begegnet, erstaunt ihn das ruhige Dastehn ägyptischer Dinge, die steingewordene, ordnende Gestaltung der Welt, die vor Jahrtausenden dem ägyptischen Menschen gelungen ist. Leicht kann es geschehen, daß Ägypten aus solchem Gefühl heraus als ein Land starrer Dauer erscheint, dessen äußere Ruhe und Ausgeglichenheit einen Mangel an Geschichte verbirgt, zumindest einen Mangel an „geschichtlichen Entscheidungen des Menschseins" (Jaspers). Hinter der unbewegten Fassade den ständigen, oft stürmischen Wandel aufzuzeigen, ist dem Historiker als Aufgabe gestellt, die immer wieder neu zu lösen und dem reicheren Fluß der Quellen anzupassen ist. Was drängt sich, um nur ein Beispiel zu nennen, allein in den wenigen Jahren der Amarnazeit (s. u. S. 93 ff.) an Geschichte und an Grundsatzentscheidungen der damaligen Menschheit zusammen! Wenn andere Epochen ärmer scheinen, dann liegt das oft nur an den Schwierigkeiten, die Chronologie und Geschichtsbild des Alten Orients [1] dem Historiker entgegenstellen. Durch Verfeinerung ihrer Methoden und durch das Anwachsen der Quellen kann die Chronologie ein ereignisarmes Jahrtausend zu einem bewegten Jahrhundert schrumpfen lassen; die Kenntnis des altägyptischen Geschichtsbildes bewahrt davor, eintönige Wiederholungen und geprägte Formeln „historischer" Texte als Spiegelbild wirklicher Geschichte zu verstehen. Für die Menschen der damaligen Zeit

[1] Unter dem Oberbegriff „Alter Orient" wird die gemeinsame Geschichte Ägyptens und Vorderasiens bis zur persischen Eroberung (539/525 v. Chr.) verstanden, welche die erste Hälfte der schriftlich überlieferten Menschheitsgeschichte voll ausfüllt.

war die Geschichte kein soziologischer oder ökonomischer Prozeß, sondern kultische Handlung und festliches Spiel; daher verschweigen ihre „historischen“ Texte mehr, als sie uns mitteilen.

Die Schwierigkeiten, welche Chronologie und Geschichtsbild vor jeder Darstellung altorientalischer Geschichte aufrichten, sind Voraussetzung, nicht Inhalt dieses Buches. Ich habe sie etwa gleichzeitig an anderer Stelle dargelegt [2] und kann sie hier ausklammern, um mich auf die Darlegung des geschichtlichen Ablaufes von Menes bis zu Alexander dem Großen zu beschränken. Die Vorgeschichte kann dabei nur gestreift werden. Jahreszahlen, die der Leser findet, liegen nur für die 11.—12. und 26.—30. Dynastie fest; für das Neue Reich ist eine Verschiebung um mehrere Jahre abzusehen (Regierungsbeginn von Ramses II. 1279 statt 1290 v. Chr.), wird aber im Augenblick noch diskutiert, und wir haben die Daten in der zweiten Auflage unverändert gelassen.

Die Literaturhinweise sind für die zweite Auflage stark erweitert und auf den neuesten Stand gebracht worden, müssen sich aber im Rahmen der „Grundzüge“ auch weiterhin auf eine Auswahl aus der Fülle einschlägiger Literatur beschränken.

Dem Tübinger Sonderforschungsbereich 19 („Tübinger Atlas des Vorderen Orients“) danke ich für eine verbesserte Kartenvorlage „Ägypten und seine Umwelt“, die der Benutzer am Schluß dieses Bandes findet.

[2] Untersuchungen zur Chronologie und Geschichte des Neuen Reiches, Wiesbaden 1964, bzw. Geschichte als Fest, Darmstadt 1966.

DIE FRÜHZEIT

Viele Jahrtausende, die durch keine schriftlichen Zeugnisse erhellt werden, haben in der Vorgeschichte die Elemente geformt, welche die geschichtliche Kultur Ägyptens tragen und bestimmen. Einmal die Landschaft in ihrer klaren, großzügigen Gliederung, als schmales Fruchtland voll üppigen Wachstums, durchströmt von der jährlich anschwellenden und wieder versiegenden Nilflut und abgegrenzt gegen eine im Norden flache und sandige, im Süden gebirgig-felsige Wüste, die mit ihrer öden Unermeßlichkeit das Leben immer wieder bedroht; dazu das fruchtbare, von mehreren Nilarmen durchströmte Dreieck des Deltas, das langsam dem weichenden Meer der Tertiärzeit nachwächst. Dann das Klima, das noch bis in die Jungsteinzeit hinein äquatorialafrikanischen Charakter hat, feuchtheiß mit reichen Regenfällen, und erst seit dem Alten Reich dem heutigen trockenen Wüstenklima entspricht. Und endlich den Menschen, der schon in der Altsteinzeit im Niltal auftritt. Während er der allmählichen Austrocknung ausweicht und vom Wüstenplateau Stufe um Stufe hinabsteigt ins Niltal, steigt er kulturell Stufe um Stufe empor, wird seßhaft, treibt Ackerbau und züchtet Haustiere, verfeinert seine Geräte und gibt seinen Toten auf die Reise ins Jenseits Beigaben mit. Götter offenbaren sich ihm, und in Tieren wie in Dingen spürt er magische Kräfte. Sein Gestaltungswille formt erste Bildwerke aus Stein, Ton und Elfenbein. Häuptlinge treten hervor, sammeln politische Macht und religiöses Ansehen, bis es einem von ihnen gelingt, aus dem Niltal ein einheitliches Reich zu formen.

Spätere Königslisten und Annalen setzen vor den Beginn der Geschichte die Regierung von Göttern und von ersten Königen, die bloße Namen bleiben und keine geschichtlichen Taten wirken. Für den Ägypter fällt die Aufgabe, das Entstehen der geschichtlichen Welt, in der er lebt, zu schildern und zu deuten, nicht der Geschichtsschreibung zu, sondern dem Mythos. Geschichtliche Taten wiederholen mythisches Geschehen und sollen den vollkommenen Urzustand der Schöpfungswelt, von welchem der Mythos kündet, ungetrübt wiederherstellen; in solcher Schau sind sie nichts anderes als Kult. Auch dem sagenhaften König Menes, der seit der 18. Dynastie als Reichsgründer gilt, schreibt die spätere Überlieferung Schöpfungstaten zu. Er legt den Ursumpf trocken, gründet Memphis als erste Stadt und macht die Menschheit mit Kultur und Zivilisation vertraut, die es vorher nicht gab. Einen solchen kulturbringenden Heros setzen auch andere Staaten und Kulturen an den Beginn ihrer Geschichte. Der Ursprung der ägyptischen Hochkultur verliert sich jedoch nicht im Archetypischen, sondern kann in der geschichtlichen Wirklichkeit des 30. Jahrhunderts v. Chr. verfolgt werden. Im Laufe weniger Generationen wächst damals aus der neolithischen Negade-Kultur eine profilierte Hochkultur, treten Königtum, Verwaltung, Schrift, Kunst und Religion voll ausgebildet und bereits in unverkennbar „ägyptischer" Prägung ins Licht der Geschichte.

Es scheinen vor allem zwei Herrscher zu sein, die diese geschichtliche Schöpfungstat vollbracht oder zumindest vollendet haben: „Schlimmer Wels" (Narmer) und „Kämpfer" (Aha). Sie herrschen bereits über beide Landeshälften, und mit Aha beginnt wohl die Reihe der „historischen" Könige auf dem Annalenstein von Palermo. Wichtige Grundlagen hat der ihnen vorangehende König „Skorpion" gelegt, dem wir die ersten gesicherten Schriftdenkmäler verdanken; schon er herrscht nicht nur über Oberägypten, sondern auch über Teile des Deltas, dessen Westteil er vielleicht von einer Vorherrschaft libyscher Stämme befreit. Das Ostdelta mit seinen Hirtenstämmen muß spätestens unter König Narmer ein Teil des neuen Staates geworden sein. Die soziologische Struktur der Bevölkerung ist im Delta und im Niltal zweifellos schon am Ende der Vorgeschichte komplizierter, als es das herkömmliche Schema der Reichseinigung als einer Überlagerung unterägyptischer Bauernstämme durch oberägyptische Nomaden erkennen läßt. Die politische Führungsrolle oberägyptischer Stämme ist bei dem Einigungswerk unverkennbar; wieweit es sich dabei um Nomaden handelt, bleibt fraglich. Die geschichtlichen Verhältnisse lassen für das Westdelta eine weit stärkere „nomadische" Komponente erwarten als für das Niltal mit seiner schmalen Lebensbasis.

Mittelpunkt der neuen geschichtlichen Ordnungswelt ist die Institution des ägyptischen Königtums. In Gestalt des jeweils amtierenden Königs regiert der sonst falkengestaltige Himmelsgott Horus die Welt, wie der Sonnengott Re sie in Gestalt der täglich wechselnden und erneuerten Sonne erleuchtet. Damit ist der König göttlich, aber nicht Gott. Im magischen Identitätsdenken der Frühzeit mag dieser Unterschied allerdings noch keine Rolle spielen; ihr sind die Zauberkräfte entscheidend, über die der König kraft seiner göttlichen Natur gebietet.

Von der fünffachen Titulatur, die der ägyptische König seit der 4. Dynastie führt, begegnet zu Beginn der Geschichte nur der Horusname, der ihn als Inkarnation dieses Gottes ausweist. Im Laufe der Frühzeit treten zwei weitere Titel hinzu. Sie zeigen ihn als „König von Ober- und Unterägypten" (nisut-biti) und bringen ihn mit den „Herrinnen" dieser beiden Landeshälften in Verbindung. Das dualistische Prinzip ist dem Denken des Ägypters eigentümlich und prägt seine Lehre von den „Beiden Ländern", die keinesfalls nur auf politische oder soziologische Verhältnisse der Vorgeschichte zurückgeht. In der bevorzugten Zweiheit, aber auch in Drei- und Neunheiten, die additiv ein Ganzes ergeben, offenbart sich dem Ägypter die differenzierte Struktur des geordneten Seins; die chaotische Welt vor der Schöpfung ist ihm dagegen ein Zustand, als „noch nicht zwei Dinge in diesem Lande waren". An geschichtlicher Wirklichkeit steckt in der Lehre von den „Beiden Ländern" die Tatsache, daß die ägyptische Hochkultur und ihre tragenden Elemente aus einer Vielheit (und Zwei ist ja die einfachste Vielheit!) von Komponenten hervorgegangen sind. Nomaden, Viehzüchter und Bauern, afrikanische und asiatische, semitische und hamitische Bestandteile haben sich im 30. Jahrhundert v. Chr. erstmals zur differenzierten Einheit Altägyptens zusammengefügt. Mit seiner Thronbesteigung vereinigt jeder König aufs neue die „Beiden Länder“ und damit die widerstrebenden Elemente seines Herrschaftsbereiches.

In der Theorie vollzieht der König jede kultische Handlung und damit auch alle geschichtlichen Taten ganz allein, da nur ihm die nötige magische Fähigkeit eignet; bis in die römische Zeit wird in den inneren Gemächern aller ägyptischen Tempel allein der König im Dienst an und vor der Gottheit gezeigt. Nur bei Fest- und Kampfdarstellungen treten auch seine „Ministranten“ hervor: Priester, Beamte und Soldaten. Da der König aber in der Praxis nicht alles Geschehen in eigener Person „zelebrieren“ kann, überträgt er Teile seiner Machtbefugnis an andere, ihm nahestehende Personen. Ein derart entstehendes Beamtentum läßt sich schon auf den frühesten geschichtlichen Denkmälern greifen und gliedert sich von Anfang an in zwei Hauptgruppen: in Beamte, denen die Person und die Insignien des Herrschers zur leiblichen und kultischen Pflege anvertraut sind, und in Beamte, die zwischen dem König und der Außenwelt als seine „Sprecher“ vermitteln oder direkte Aufträge des Königs im Lande ausführen. Solche Aufträge werden von Fall zu Fall erteilt und führen erst wesentlich später zur Bildung von Ressorts; daher tritt das konkrete Amt zunächst an Bedeutung hinter dem Rang des Amtsträgers zurück, der seine Nähe zum König bestimmt. In den ersten Dynastien wurden wesentliche Aufträge und damit verbundene Rangstellungen wahrscheinlich nur Prinzen und ihren unmittelbaren Nachkommen übertragen, da nur nahe Verwandte des göttlichen Königs seiner machtgeladenen Nähe standhalten können. Als „Grafen“ verwalten sie die Landesteile, aus denen sich allmählich die späteren Gaue entwickeln.

Der Machtbereich der ersten Könige des geeinten Staates scheint sich von der Gegend des heutigen Edfu bis ins Delta hinein erstreckt zu haben. Am ersten Nilkatarakt konnten sie bisher nicht nachgewiesen werden, doch sind die Steinbrüche bei Assuân (Granit und Diorit) seit der späten Vorgeschichte ausgebeutet worden, und die lokalen Gottheiten Chnum und Satet erscheinen häufig in Personennamen der Frühzeit; so muß dieses Gebiet sehr bald unter die Herrschaft der 1. Dynastie gekommen sein. Steinbruch-Expeditionen stießen unter König Narmer (vor 2900 v. Chr.) bereits in die gebirgige Ostwüste zwischen Nil und Rotem Meer vor. Handelsverbindungen liefen hinüber nach Palästina, wo kürzlich Tonscherben mit dem Namen des gleichen Königs gefunden worden sind. Für die Regierungszeit Ahas (um 2900—2870) sind Verbindungen mit dem syrisch-libanesischen Raum gesichert; er liefert das wertvolle, im Niltal fehlende Bauholz (Koniferen). Damit setzen sich Beziehungen fort, die schon in der Vorgeschichte sehr eng waren und bis nach Mesopotamien reichen. Wie weit die Ägypter sich damals schon auf das Meer hinausgewagt haben, bleibt ungewiß; die Hieroglyphenschrift kennt kein Zeichen, das eindeutig der Umwelt des Meeres angehört.

Die königliche Residenz wird unter „Skorpion“ und Narmer im südlichen Oberägypten gelegen haben, Aha aber errichtet knapp 20 km südlich von Kairo, unweit des heutigen Ortes Sakkâra, eine gewaltige Grabanlage. Über fünf unterirdischen, aus dem Felsen gehauenen Kammern wird ein rund 40 mal 15 Meter großer Oberbau aus luftgetrockneten Nilschlammziegeln aufgemauert und reich gegliedert. Es ist die erste Grabanlage der memphitischen Totenstadt, in der nun über drei Jahrtausende lang Könige, Beamte und heilige Stiere begraben werden. So liegt es nahe, die sagenhafte Gründung von Memphis durch Menes unter König Aha anzusetzen, der den Schwerpunkt des Staates nach Norden, an die Nahtstelle zwischen Ober- und Unterägypten, verlegt und in diesem Raum eine Residenz oder zumindest eine Art „Pfalz“ errichtet. Oberägypten behält in Abydos einen mehr religiösen als politischen Schwerpunkt; dort errichten Aha und die übrigen Könige der 1. Dynastie ebenfalls große Grabanlagen für sich und die Angehörigen ihres Haushaltes. Hinter einem solchen doppelten Grabbau steht wahrscheinlich die Idee, daß Pharao als „König von Ober- und Unterägypten“ in beiden Landeshälften ein Grab haben müsse.

Wo das tatsächliche Begräbnis stattgefunden hat, ist umstritten; da die Kunst der Mumifizierung sich erst im Laufe der Frühzeit herausbildet, dürfte es dabei nicht unwichtig gewesen sein, in welcher seiner zahlreichen „Pfalzen" der König starb. Im memphitischen Raum sind in neuerer Zeit bei Heluân und Abu Roâsch auch bedeutende nichtkönigliche Nekropolen der Frühzeit freigelegt worden.

Eine zweite wichtige Neuerung, die in die Regierungszeit des Aha zu fallen scheint, ist die Einführung einer offiziellen Jahreszählung. Das ägyptische Jahr umfaßt drei Jahreszeiten zu je vier Monaten von 30 Tagen; fünf Schalttage (Epagomenen) ergänzen es zu 365 Tagen, so daß es um einen Vierteltag hinter dem julianischen Jahr zurückbleibt. Der eigentlich durch den Frühaufgang des Sirius und den etwa gleichzeitigen Beginn der Nilschwelle festgelegte Neujahrstag wandert daher durch die wirklichen Jahreszeiten. Dieser ägyptische Kalender, in welchem auch der Mond eine wichtige Rolle behält, ist zu einem unbekannten Zeitpunkt in der Vorgeschichte oder in der Frühzeit geschaffen worden. Unter Aha werden die einzelnen Regierungsjahre erstmals durch typische Ereignisse bestimmt, die wahrscheinlich in das vorhergehende Jahr fallen. Eine solche Praxis ist in Mesopotamien das ganze 3. Jahrtausend v. Chr. in Gebrauch gewesen, während sie in Ägypten bald von einer fortlaufenden Zählung der Steuer- und dann der Regierungsjahre abgelöst wird. Eines der Jahre König Ahas wird z. B. durch Ereignisse wie das „Schlagen des Nubierlandes" (also ein Kriegszug im Gebiet des 1. Kataraktes) und das „Bilden" einer Götterstatue bestimmt, ein anderes durch den „Besuch" des Neith-Heiligtums. Notizen solcher Art ritzte man auf Täfelchen aus Holz oder Elfenbein, die Ölkrügen zur Kennzeichnung des Jahrganges mitgegeben wurden. Sammellisten ermöglichten es, den zeitlichen Abstand zwischen zwei Jahresnamen zu bestimmen. Eine solche Liste bewahrt, sehr fragmentarisch, der berühmte „Palermostein", der ursprünglich alle Jahresnamen der Frühzeit aufgezählt und sie durch Annalen-Notizen bis zum Ende der 5. Dynastie ergänzt hat. Neben den wenigen königlichen

lichen Denkmälern bilden die Annalentäfelchen für die Frühzeit unsere einzige zeitgenössische Geschichtsüberlieferung.

Mittel der Geschichtsüberlieferung ist die Schrift, deren Erfindung der 1. Dynastie unmittelbar vorausgeht. Sie ist niemals eine reine Bilderschrift gewesen, aber auch nie eine reine Lautschrift geworden. Die meisten ihrer Bildzeichen geben eine bloße Folge von Konsonanten wieder, abstrahieren also nicht nur vom dargestellten Gegenstand, sondern auch von der Aussprache des Wortes, welche die Vokale entscheidend mitbestimmen. Für uns ergibt sich daraus leider die Unmöglichkeit, Worte der ägyptischen Sprache korrekt auszusprechen, da wir die Vokale nur aus ihrer spätesten Phase, dem Koptischen, kennen; daher die so unterschiedliche Umschreibung der Namen, die bei den Königsnamen meist auf einer griechischen Wiedergabe (Amenophis, Ramses) beruht. Neben den Hieroglyphen, die in ihrer Bildhaftigkeit Kunstwerke im kleinen sind und die unbegrenzte Gestaltenfülle der Welt in einen begrenzten Formenschatz bannen, hat der Ägypter für den Schriftverkehr des täglichen Lebens von Anfang an kursive Zeichenformen entwickelt. Diese Kursivschrift (Hieratisch) und der ihr gemäße Schreibstoff, der Papyrus, sind schon zu Beginn der Frühzeit belegt.

Die Inschrift am 2. Katarakt, die Ahas Nachfolger Djer (um 2870/50; auch Sechti gelesen) zugeschrieben wurde, gehört wahrscheinlich in spätere Zeit; damit fehlt ein Beweis, daß ägyptische Expeditionen schon jetzt über die eigentliche Südgrenze bei Assuân am 1. Katarakt hinaus tief in nubisches Gebiet vorgestoßen sind. Dagegen sind neue Kämpfe gegen Stämme des libyschen Gebietes am Deltarand aus dieser Zeit überliefert. Das Andenken des offenbar bedeutenden Königs ist bis in die Spätzeit lebendig geblieben, seine Grabanlage in Abydos wurde seit der 18. Dynastie als Grab des Osiris verehrt. Über dreihundert Nebengräber scheinen für die aus Mesopotamien bekannte Sitte zu zeugen, daß Angehörige des königlichen Hofstaates ihrem Herrn bei seinem Begräbnis in den Tod folgen. Eine solche Massenbestattung des Gefolges bleibt in Ägypten auf die 1. Dynastie beschränkt.

Djers Nachfolger, König „Schlange" (um 2840), ist durch das Meisterwerk seiner Grabstele im Louvre zum bekanntesten König dieser ersten Dynastie geworden. Obgleich die Stele nichts weiter als den Horusnamen des Königs trägt, zeugt sie doch für die Höhe, welche die Reliefkunst in wenigen Generationen erreicht hatte. Der bisher geduckte Falke, noch ganz Raubvogel, erhebt sich zum majestätischen Symbol. In der Beschränkung auf das Wesentliche und Bedeutsame, die das Naturvorbild zu einer knappen, aber typisch-unverkennbaren Gestaltung verdichtet, zeigt sich ägyptischer Stil. Mit Standlinie und Bedeutungsmaßstab wird der Raum geordnet und in die Fläche des Reliefs gebannt. Fremde Elemente, wie den in Mesopotamien weiterlebenden „Wappenstil", scheidet die 1. Dynastie aus, um das spezifisch Ägyptische immer reiner und eleganter hervortreten zu lassen.

Unter König „Schlange" tritt eine der bedeutenden Frauengestalten hervor, denen wir in der ägyptischen Geschichte noch oft begegnen werden. Es ist die Königin Meritneith, deren genaue zeitliche und politische Einordnung allerdings noch nicht gelungen ist; vermutlich ist sie die Gattin dieses Königs und die Mutter seines Nachfolgers Dewen. Wie die Könige besitzt sie zwei Grabanlagen in Abydos und Sakkâra, trägt jedoch keine Königstitulatur; so bietet sich als wahrscheinlichste Lösung an, daß sie als Regentin für ihren unmündigen Sohn eine Zeitlang die Herrschaft ausgeübt hat. Die gleichwertige Stellung der Frau, in der mutterrechtliche Züge afrikanischer Nachbarvölker nachwirken mögen, ist im alten Ägypten auch in der juristischen Praxis stets respektiert worden.

König Dewen (um 2836—2794) trägt neben seinem besonders gut passenden Horusnamen („Schwingenspreizer") als erster den Titel eines „Königs von Ober- und Unterägypten". Annalentäfelchen berichten vom „Schlagen des Ostens" und meinen damit Kämpfe mit Beduinenstämmen der Sinai-Halbinsel. Sein Grab in Abydos läßt der König mit einem Fußboden aus Rosengranit und mit Stelen aus Diorit versehen. Aus diesen edlen und harten Gesteinen waren bisher nur Gefäße hergestellt worden. Nun konnten die Ägypter bei ihrer Verwendung als Bauelemente Erfahrungen sammeln, auf denen die Architekten der Pyramidenzeit aufbauen sollten. Der Formenreichtum der Steingefäße geht in der 2. Dynastie, nach Erfindung der Töpferscheibe, stetig zurück. An Metallen verarbeiten die Ägypter der Frühzeit nur Kupfer und Gold. Sie leben also technisch noch in der Kupfersteinzeit, die im Anfang des 4. Jahrtausends v. Chr. begonnen hat; erst die Erbauer der Pyramiden benutzen Geräte aus Bronze.

Unter den letzten drei Königen der 1. Dynastie (etwa 2794—2763) wird die bisherige Entwicklung, die bereits eine eindrucksvolle kulturelle und technische Höhe erreicht hat, von politischen Wirren unterbrochen. Erstmals begegnet die Tilgung von Königsnamen als magische und zugleich politische Waffe. Sie spiegelt Auseinandersetzungen im Königshaus, welche den Dynastiewechsel vorbereiten. Aus den Namen dieser Könige ist das bisher bevorzugte tierische Element verschwunden. Darin zeigt sich eine bedeutsame religiöse Entwicklung der Frühzeit, für die man das Stichwort „Vermenschlichung der Mächte" geprägt hat. Für die Vorgeschichte wohnt das Göttliche in Tiergestalt oder in Fetischen; der Frühzeit offenbart es sich auch in menschlicher Gestalt, die in der Darstellung häufig einen Tierkopf trägt, mit dem ihr einstiges tierisches Wesen hieroglyphenartig angedeutet wird. Mit der Vermenschlichung werden die Götter zu Personen und wird die Erzählung von Götterschicksalen, also die Mythenbildung, möglich.

Am Beginn der neuen, 2. Dynastie (um 2763 v. Chr.) gibt man die Tradition des Zweitgrabes in Abydos zunächst auf. Die Königsgräber dieser Zeit, von denen erst ein Teil aufgefunden ist, liegen in einem neuen Abschnitt des Residenzfriedhofes von Sakkâra. Das bedeutet eine Vernachlässigung des bisherigen oberägyptischen Schwerpunktes, und die Folge ist nach wenigen Generationen eine oberägyptische Reaktion, welche die errungene Einheit des Staates gefährdet. Davor regiert König Ninetjer fast ein halbes Jahrhundert (um 2726—2680); von ihm stammt die erste Sedfest-Statue, die mit einem Königsnamen versehen ist, und angesichts seiner langen Regierungszeit darf man annehmen, daß Ninetjer das Sedfest tatsächlich ein oder mehrere Male gefeiert hat. Dieses Erneuerungsfest ist von Anfang an mit der Idee des ägyptischen Königtums verbunden. Die magischen Schöpfungskräfte des Königs, die sich im Laufe einer langen Regierung abnutzen, sollen in den Zeremonien des Festes rituell erneuert werden. In Form einer Statue wird der „alte" König begraben, und der verjüngte, „neue" König wiederholt seine Thronbesteigung. Die Statuette des Ninetjer zeigt ihn in dem typischen Ornat, der zu diesem Fest gehört, einem enganliegenden Mantel, und ist darin ein Vorläufer der berühmten Statue des Djoser, die am Beginn der Großplastik des Alten Reiches steht; bei Ninetjer sind Größe (13,5 cm hoch) und künstlerischer Ausdruck noch bescheiden. Nach seinem Tod kommt es zu einer Reaktion gegen die bisherige Auffassung des Königtums und zugleich zu einer vorübergehenden Bedrohung der staatlichen Einheit. Die früheren Könige hatten sich als Inkarnation des falkengestaltigen Gottes Horus gefühlt, nun aber setzt Peribsen (um 2680—2666) das Fabeltier Seth über seinen Namen und gibt sich damit als Inkarnation dieses gewaltigen Wüstengottes zu erkennen. Mit der Anlage eines Königsgrabes in Abydos kehrt er zur längst aufgegebenen Sitte der 1. Dynastie zurück; aus Sakkâra kennen wir bisher zwar kein Grab von ihm, doch einen bis in die 4. Dynastie reichenden Totenkult, so daß es sich in Abydos vielleicht wieder um ein Zweitgrab handelt. Die Betonung des Seth und des alten Kultzentrums Abydos richtet die Herrschaft des Peribsen stärker nach Oberägypten hin aus, und es scheint, daß neben ihm ein unterägyptischer Horus-König regierte.

Nach einer offenbar wirren, kampfreichen Zeit steht am Ende der Dynastie die bedeutende Herrschergestalt des Chasechemui (um 2655—2628), der die staatliche Einheit aufs neue festigt. Fragmente eines Alabastergefäßes mit seinem Namen, die in Byblos gefunden wurden, sind ein erster sicherer Beleg für ägyptische Handelsbeziehungen mit dieser Hafenstadt, die seit dem Alten Reich den Mittelpunkt des ägyptischen Einflußgebietes im syrisch-libanesischen Raum bildet. In Oberägypten tritt Chasechemui durch mehrere Bauten hervor, wobei er in stärkerem Maße als bisher Stein verwendet und damit, wenn auch in bescheidenem Rahmen, die monumentale Architektur der folgenden Pyramidenzeit vorbereiten hilft. Auch die königliche und private Steinplastik gewinnt unter ihm an Qualität und Sicherheit der Ausführung. Der Horus-Seth-Name, den der König wohl erst nach der Ausschaltung aller Gegenspieler annimmt, zeigt den Horusfalken und das Sethtier einträchtig über dem Königsnamen, der mit seinen „beiden Mächten" (sechemui) ebenfalls auf Horus und Seth anspielt. Damit erhält die geläufige Vorstellung, daß der König diese beiden miteinander streitenden Mächte in seiner Person vereint und zum Ausgleich bringt, erstmals bildlichen Ausdruck. In solchem Ausgleich der feindlichen Gewalten ist die Einheit des Staates und seiner religiösen Grundlage neu gesichert und kann als kostbarstes Erbe in die folgende 3. Dynastie übergehen, mit der die erste Blütezeit der ägyptischen Hochkultur beginnt.

DAS ALTE REICH

Wie noch oft in der ägyptischen Geschichte, begegnet im Übergang von der 2. zur 3. Dynastie eine Königin, die der alten Dynastie entstammt, damit göttlicher Herkunft ist und durch ihre Verbindung mit der neuen Dynastie dieser die Legitimität gibt. So steht am Beginn des Alten Reiches die Königin Nimaathap, die wahrscheinlich eine Tochter des Chasechemui und Mutter des Djoser ist; als ihr Gatte käme dann der zwischen beiden Königen anzusetzende Nebka (um 2628—2609) in Frage.

Politisch liegt kein sichtbarer Bruch zwischen den beiden Dynastien, und doch beginnen wir mit der 3. Dynastie zu Recht eine neue Epoche. Im Laufe einer einzigen Generation geht das Bauhaus Pharaos von bescheidenen Anfängen zur monumentalen Steinarchitektur über und setzt die aus Ziegeln, Holz und Matten erbaute Königsresidenz in die gewaltige steinerne Totenresidenz um die Stufenpyramide von Sakkâra um; zugleich wird in den königlichen Werkstätten die erste lebensgroße Steinplastik gefertigt und die Kunst des Flachreliefs verfeinert. So kann eine Besucherinschrift des Neuen Reiches Djoser (um 2609—2590), den königlichen Urheber dieser technischen wie künstlerischen Wunder, „Der den Stein geöffnet hat“ nennen, ihm also die Erschließung dieses neuen, „ewigen“ Materiales zuschreiben. Djoser hat damit schon den Ägyptern als Schöpfer einer neuen Epoche gegolten. Wie sein Andenken bis in ptolemäische Zeit ehrenvoll lebendig bleibt, zeigt neben anderen Denkmälern die „Hungersnotstele“ aus Sehêl, die den ägyptischen Herrschaftsanspruch auf das unternubische Gebiet zwischen dem 1. und 2. Katarakt auf seine Zeit zurückführt. Sicher haben ägyptische Expeditionen damals erneut dieses Gebiet durchzogen, wie sie auch die Kupfervorkommen des Sinai ausgebeutet haben. In Byblos gefundene Fragmente einer Opfertafel im Stile dieser Zeit zeigen, daß Ägypten über bloße Handelsbeziehungen hinaus auch künstlerisch und religiös in den syrischen Raum auszustrahlen beginnt.

Hoch über der im Fruchtland gelegenen Residenz des Djoser wurde auf dem Wüstenplateau von Sakkâra, südlich des Königsfriedhofes der 1. Dynastie, ein 545 m langes und 280 m breites Rechteck mit einer über 10 m hohen Umfassungsmauer aus leuchtend weißem Kalkstein umgeben. In seiner Mitte, als wirkungsvoller Abschluß eines großen offenen Hofes mit zwei Altären, erhebt sich in sechs Stufen die 60 m hohe Stufenpyramide über dem unterirdischen Grab des Königs, steingewordenes Abbild des „Urhügels", der bei der Schöpfung als Basis der Weltordnung aus dem chaotischen Urgewässer auftauchte, und zugleich monumentale Steigerung des Grabhügels. Im Südosten ist dieser ältesten Pyramide ein von Kapellen umgebener Festhof vorgelagert. Dort sollte der tote König in der Ewigkeit des Jenseits eine nicht abreißende Kette von Erneuerungsfesten (s. oben S. 12) feiern. Im Ornat dieses Festes zeigt ihn die lebensgroße, archaisch-blockhafte Statue, die in eine Kammer an der Nordseite der Pyramide eingemauert war und sich jetzt im Museum von Kairo befindet; trotz schwerer Beschädigung läßt ihr Antlitz etwas von der gebändigten Willenskraft ahnen, welche die fast übermenschlichen Werke der Pyramidenzeit möglich gemacht hat. Der frei bewegliche Totengeist des Königs erhält nicht nur Grab, Tempel und Festhof, sondern eine ganze Residenz aus dauerhaftem Stein, die jedoch zum größten Teil aus massiv ausgefüllten Scheinbauten besteht. Selbst Deckenbalken und halboffene Türen sind in das neue Material umgesetzt, und die „kannelierte" Dreiviertelsäule ist kein tragendes Element, sondern gleichfalls steinerne Verwandlung der bisherigen Bauweise aus Holz und Schilfrohr.

Für Memphis, das als „Waage der Beiden Länder" an der Nahtstelle zwischen Ober- und Unterägypten liegt, bildet die Grabanlage des Djoser ein neues, weithin sichtbares Wahrzeichen. Feste „Hauptstadt" des Reiches ist es jedoch ebensowenig wie in der Frühzeit, die irdischen Residenzen der Könige wechseln auch im Alten Reich ständig. Mit ihnen verschiebt sich die zugehörige Totenstadt. Unweit der Stufenpyramide liegen Beamtengräber dieser Zeit, deren Inschriften und Reliefs eine willkommene Ergänzung zu den spärlichen Geschichtsquellen der 3. Dynastie bilden. Aus dem Grab des Metjen stammt die älteste der zahllosen Beamten-Biographien, die jetzt einsetzen und bis in die Spätzeit als postumer Rechenschaftsbericht im Grabe aufgezeichnet werden. Holztafeln aus dem Grab des Hesirê (jetzt in Kairo) zeigen in ihren Reliefs die bleibenden Formgesetze für die Darstellung des menschlichen Körpers im ägyptischen Flachbild: aus typischen Vorder- oder Seitenansichten der verschiedenen Körperteile baut sich eine ästhetisch befriedigende Einheit auf, die mit dem Naturvorbild nur die wesentlichen Züge gemeinsam hat. Die Werkstätten der Residenz schaffen in der 3. Dynastie auch eine reiche Privatplastik aus Stein, darunter bereits den Typus des hockenden Schreibers, der sich bis in späteste Zeit großer Beliebtheit erfreut. Jeder Beamte ist ja in erster Linie „Schreiber“ des Königs und möchte diese Funktion in seiner Grabstatue bewahren, die seiner Lebenskraft (Ka) eine Fortexistenz über den Tod hinaus ermöglicht.

Unter den Beamten der Djoser-Zeit hat Imhotep eine derart überragende Bedeutung erlangt, daß ihn spätere Zeiten als „Berufsheiligen“ des Schreiberstandes und schließlich als Heilgott verehren; die Griechen haben ihn mit Asklepios gleichgesetzt. Seit sich sein Name und seine Titulatur auf einer Statuenbasis des Djoser gefunden haben, ist er auch als geschichtliche Persönlichkeit greifbar. Seine hohen Titel machen es wahrscheinlich, daß er ein naher Verwandter des Königs war und den Bau seiner Grabanlage geleitet hat. Die Tradition verehrt ihn als großen Baumeister, Arzt und Weisen und schreibt ihm die Abfassung der ältesten, leider verlorenen Weisheitslehre zu. Unter seinen Titeln erscheint auch der des späteren Hohenpriesters von Heliopolis, doch darf man daraus keine „Priesterschule von Heliopolis“ für die damalige Zeit rekonstruieren;

in jener Zeit hat es noch keine selbständige Priesterschaft gegeben; der König delegierte die ihm zustehenden priesterlichen Funktionen von Fall zu Fall an Beamte und hat sich bis in die Spätzeit das Recht der Ernennung für die höchsten Priesterämter vorbehalten. Unsicher bleibt, ob die göttliche „Neunheit“ von Heliopolis, um die sich ein alter Schöpfungsmythos rankt, schon unter Djoser verehrt wurde; auf einem Turiner Reliefbruchstück des Königs erscheinen mehrere Götter (nur Geb und Seth sind sicher), die später mit Isis, Osiris und anderen Gottheiten die „Neunheit“ bilden. Der Horusname des Djoser, „Göttlichster der Körperschaft“ (Netjerichet), deutet wohl darauf hin, daß die Ägypter schon in der 3. Dynastie ihre Götter gern zu Gruppen, zu „Körperschaften“ und vielleicht wenig später zu Triaden und „Neunheiten“ geordnet haben.

Von den unmittelbaren Nachfolgern des Djoser wissen wir fast nur, daß sie Pyramiden begonnen, aber nicht vollendet haben. König Sechemchet (um 2590—2583) hat südwestlich der von Djosers Bauleiter Imhotep vollendeten Stufenpyramide von Sakkâra eine ähnliche Anlage begonnen. Seine Umfassungsmauer umschließt einen wesentlich kleineren Bezirk als die Djosers, ist jedoch aus größeren Steinblöcken aufgemauert und bereitet damit die monumentalere Architektur von Gîza vor. In der Mitte sollte sich wieder eine Stufenpyramide erheben, doch waren beim frühen Tode des Königs nur die unterirdischen Anlagen und ein 7 m hoher Teil des Oberbaues vollendet.

Der letzte König dieser Dynastie, Huni (um 2583—2575), hat 50 km südlich von Sakkâra mit dem Bau der Pyramide von Medûm begonnen, ohne sie in seiner kurzen Regierung vollenden zu können. Nach einer auf der Nilinsel Elephantine gefundenen Inschrift hat er dort eine Festung gegründet und damit die Südgrenze Ägyptens am 1. Katarakt zusätzlich gesichert. Doch bleibt diese Nachricht fast der einzige Einblick in das politische Geschehen dieser Zeit, die in der geistigen und technischen Entwicklung so große Fortschritte gemacht hat.

Mit Snofru (um 2575—2551), dessen Gattin Hetepheres wahrscheinlich eine Tochter des Huni und damit Trägerin der Legitimität ist, beginnt nicht nur eine neue Dynastie, sondern auch eine neue Umbruchszeit. Nach den gewaltigen, in wenigen Jahrzehnten errungenen Leistungen der 3. Dynastie erscheint eine so rasche Steigerung und Weiterführung des Erreichten fast undenkbar, und doch hält der schöpferische Schwung bis in die Mitte der 4. Dynastie unvermindert an, bevor ein erstes Nachlassen spürbar wird.

Snofru baut an der Pyramide von Medûm weiter, gibt sie aber vor der endgültigen Vollendung zugunsten seiner eigenen Pyramidenanlagen auf. In Medûm war zum erstenmal eine „echte" Pyramide geplant, bei der um den stufenförmigen Kern ein glatter, geböschter Außenmantel aus feinpoliertem Kalkstein der besten Qualität gelegt wird. Diesen Plan hat Snofru in Dahschûr, zwischen Medûm und Sakkâra, gleich zweimal verwirklicht: in der „Knickpyramide" und in der „Roten Pyramide", die unter der Bauleitung des Prinzen Kanofer errichtet wurden. Die königlichen Grabanlagen von Dahschûr unterscheiden sich wesentlich von denen der 3. Dynastie und dienen allen folgenden Pyramidenanlagen des Alten Reiches als Vorbild. Obgleich die „Knickpyramide" in ihrem oberen und unteren Teil verschiedene Böschungswinkel und dadurch die eigentümlich „geknickten" Kanten hat, war auch sie als geometrische Pyramide geplant, wenn man dem Determinativ im Namen der Anlage trauen darf; allerdings war ein sehr steiler Böschungswinkel vorgesehen, der sich vielleicht nicht durchhalten ließ. Rein und konsequent ist die abstrakte, geometrische Form mit weniger steiler Böschung erst in der „Roten Pyramide" verwirklicht worden. An die Stelle der rechteckigen, geschlossenen Anlagen der 3. Dynastie tritt in Medûm und Dahschûr eine lockere Gliederung der Kultanlagen, die den Pyramiden auf der Ostseite vorgelagert werden. Die Umfassungsmauer läßt nur noch einen schmalen Raum um die quadratische Grundfläche der Pyramide frei. Der Totentempel, in dem die Riten für den Verstorbenen zelebriert und die Opfergaben dargebracht werden, steht durch einen zunächst noch offenen, in späterer Zeit überdachten Aufweg mit einem Taltempel in Verbindung, der häufig an der Grenze zwischen Fruchtland und Wüste liegt. Die Totentempel in Medûm und Dahschûr sind noch äußerst schlicht und bestehen im wesentlichen aus einer Opferplatte und zwei hohen Stelen mit der Titulatur des Königs, greifen also auf die Kultstelle der frühzeitlichen Königsgräber zurück. Dagegen war der Taltempel der Knickpyramide reich mit Statuen und Reliefschmuck versehen. In Nischen standen etwas überlebensgroße Statuen des Königs, und die Wände der Eingangshalle trugen eine Prozession von Frauengestalten, welche die königlichen Domänen in den einzelnen Gauen personifizieren. Auf den Pfeilern waren verschiedene Kulthandlungen dargestellt, darunter Gründungszeremonien und Szenen des Erneuerungsfestes, erstmals auch Szenen, die den König von einer Gottheit umarmt zeigen und im Mittleren und Neuen Reich zum Standardschmuck von Tempeln und Gräbern gehören.

In welcher der drei Pyramiden, an denen er gleichzeitig gebaut hat, Snofru wirklich bestattet worden ist, bleibt unsicher. Fest steht, daß die beiden Pyramiden von Dahschûr als zusammengehörige Anlage geplant waren; sie tragen den gleichen Namen („Epiphanie des Snofru") und werden nur nach den Himmelsrichtungen als „nördliche" und „südliche" Anlage unterschieden.

Spätere Werke der Literatur kennen Snofru als einen „trefflichen", leutseligen König, dessen freundliches Gebaren sehr im Gegensatz zur tyrannischen Art seines Sohnes Cheops steht. In diesem positiven Bild mag als geschichtlicher Kern ein patriarchalisches Verhältnis zu seinen Untertanen stecken, denen er im Königsdogma seiner Zeit jedoch unverändert als „Größter Gott" und absoluter „Herr der Weltordnung (Maat)" gegenübertritt. Das Mittlere Reich verehrt ihn in Dahschûr und auf dem Sinai als Gott, und die Spätzeit erneuert diesen Kult.

Die hohen Beamten der Snofru-Zeit, zumeist Prinzen, durften ihre überwiegend noch aus Ziegeln gebauten Gräber dicht bei den Pyramiden von Medûm und Dahschûr errichten, um ihren königlichen Herrn auch im Jenseits zu umgeben. Die Werkstätten des Hofes stellten für sie erlesene, lebensgroße Grabstatuen her, von denen sich die Gruppe des Ehepaares Rahotep/ Nofret (jetzt in Kairo) in der einstigen Farbenfrische bewahrt hat. Mit welchem Geschmack und Können selbst Gegenstände des täglichen Lebens angefertigt wurden, zeigt als Zufallsfund der Grabschatz der Königin Hetepheres, der heute einen eigenen Raum im Kairoer Museum füllt.

Der Name dieser Königin, der Mutter des Cheops, wurde auch in Byblos gefunden, mit dem die 4. Dynastie den regen Handelsverkehr fortsetzt. Die Annalen berichten für eines der Regierungsjahre Snofrus die Ankunft von 40 Schiffsladungen Koniferenholz, das als Bauholz für Paläste, Grabanlagen und Schiffe unentbehrlich war. Mehrfach wird der Bau von hundertelligen Schiffen erwähnt, und so dürfen wir für diese Zeit einen regen Seeverkehr zwischen Ägypten und dem Libanon annehmen; die ägyptischen Häfen liegen vermutlich nicht direkt an der Küste des Mittelmeeres, sondern landeinwärts an den östlichen Nilarmen des Deltas. Feldzüge gegen Nubier und Libyer, von denen die Annalen ebenfalls berichten, haben vorwiegend wirtschaftspolitische Ziele und bringen reiche Beute an Gefangenen und Vieh. Für das königliche Schatzhaus, das die Naturalsteuern des Landes und die „Tribute" der Nachbarvölker verwaltet, bringen solche Beutezüge willkommenen Zuwachs, da die riesenhaften Bauten und die entsprechend größere Zahl von Steinbruch-Expeditionen die Staatsausgaben in bisher nicht gekanntem Maße anschwellen lassen.

Auch die Verwaltung des Landes wird durch die Pyramidenzeit vor neue Aufgaben und wachsende Ansprüche gestellt. Aus Einzelämtern entwickeln sich durch vermehrte Verwaltungsaufgaben ganze Büros, und die bisherige patriarchalische Ordnung des königlichen Hofstaates weicht der Bürokratie. An ihrer Spitze steht nun der „Wesir" (tjati), dessen lange Titelreihe die bisherigen selbständigen Machtträger ablöst; er leitet nicht nur die gesamte Verwaltung, sondern auch Rechtspflege und staatliche Wirtschaft und ist allein dem König für die richtige

Ordnung im Lande verantwortlich. Wie es scheint, ist das Wesirat zu Beginn der 3. Dynastie geschaffen worden, doch beginnt die kontinuierliche Folge bedeutender Wesire erst mit Snofrus Söhnen Kanofer und Nefermaat. Noch für lange Zeit bleibt dieses höchste Staatsamt Angehörigen des Königshauses vorbehalten, während in der übrigen Verwaltung kaum noch Prinzen begegnen. Die nach Gauen geordnete Liste der königlichen Stiftungsgüter im Taltempel der „Knickpyramide" zeigt, daß die Einteilung des Landes in Gaue zumindest für Oberägypten inzwischen ihre bleibende Gestalt gewonnen hat; im Delta ergaben sich noch mehrfach Veränderungen, bevor die klassische Gesamtzahl von 42 Gauen erreicht wurde. Ihre Verwaltung geht meist von einem königlichen Gutshof aus, der die Steuerabgaben stapelt und an die Magazine der Residenz weiterleitet. Die Verwalter werden vom König ernannt und häufig von einer Domäne zur anderen versetzt; bevollmächtigte Vertreter entsendet der Königshof jeweils für einen bestimmten, festumrissenen Auftrag in die Provinz, und von einem weitgehend selbständigen „Gaufürstentum" kann erst am Ende des Alten Reiches gesprochen werden. Trotzdem entstanden schon in der 4. Dynastie bedeutende Grabanlagen von Beamten in der Provinz, nach neuesten Funden sogar im fernen Theben.

Nach dem vorzeitigen Tode seiner älteren Brüder folgt Cheops (um 2551—2528) seinem Vater Snofru auf dem Thron. Sein Name ist für alle Zeiten mit der Cheopspyramide verknüpft, der größten aller Pyramiden und dem gewaltigsten antiken Bauwerk überhaupt. Unter der Bauleitung des Wesirs Hemiûn, eines Vetters oder Neffen des Königs, wurde sie auf dem Wüstenplateau von Gîza, 14 km nördlich der Stufenpyramide von Sakkâra, in drei Bauabschnitten errichtet. Am Ende waren in dem Riesenwerk, das sich zu 146 m Höhe erhob, 2,3 Millionen Kalksteinblöcke von je rund einem Kubikmeter Inhalt und zweieinhalb Tonnen Gewicht verbaut worden. Außen erhielt die Pyramide eine Verkleidung aus glattpoliertem feinem Tura-Kalkstein. Die Sargkammer des dritten und endgültigen Bauabschnittes liegt nicht wie sonst unterirdisch, sondern in der Mitte des Pyramidenmassivs. Der Totentempel auf der Ostseite, von dem nur spärliche Reste geblieben sind, wurde mit Reliefs versehen und auch baulich reicher ausgestaltet als die einfachen Kultanlagen Snofrus. Außer drei kleinen Nebenpyramiden umgeben fünf aus dem Felsen gehauene Wannen die Cheopspyramide; sie waren zur Aufnahme der Totenschiffe bestimmt, mit denen der königliche Tote das Himmelsgewässer durchfahren sollte, wie es die Inschriften der Beamtengräber auch vom gewöhnlichen Toten erwarten. Eines dieser Schiffe, erst kürzlich gefunden und 43 m lang, konnte vollständig zusammengesetzt werden und zeugt vom hohen Können der pharaonischen Schiffsbaumeister.

Spätere Zeiten konnten sich nur vorstellen, daß Sklavenheere die gewaltigen Bauten des Cheops ausgeführt haben, und seine 23jährige Regierungszeit lebt schon bei den antiken Schriftstellern als eine Zeit der Tyrannei und Unterdrückung fort. Zwar kennen wir aus den Annalen der Zeit Snofrus die Einbringung von Kriegsgefangenen, doch ist das Bestehen von Sklaverei für die Blütezeit des Alten Reiches bisher nicht nachgewiesen. Selbst wenn Kriegsgefangene, wie man annehmen darf, an bestimmten Arbeiten mit beteiligt wurden, konnte ihre Zahl nicht ausreichen. Die fehlenden Arbeitskräfte konnten während der Überschwemmungszeit, in der die landwirtschaftlichen Arbeiten ruhten, aus der überwiegend bäuerlichen Bevölkerung leicht rekrutiert werden; in dieser Zeit war es möglich, die Steinblöcke von den Laderampen der Steinbrüche bis an den Fuß des Wüstenplateaus durchgehend auf Kähnen zu transportieren. Mit Menschenkraft, Zugtieren und mit einfachsten technischen Hilfsmitteln, wie Ziegelrampen, hölzernen Schlitten und hölzernen Rollen, wurden die Blöcke auf den emporsteigenden Bau geschleift und mit bewundernswerter Präzision versetzt. Der ungeheure Aufwand diente nicht der Verherrlichung eines Königs, sondern der Wohlfahrt des Staates, die allerdings vom König abhing; seine schöpferischen Kräfte, welche die Weltordnung zusammenhielten, mußten über die Todesschwelle hinaus bewahrt bleiben. So ist der Pyramidenbau ein religiöses Gemeinschaftswerk der Ägypter des Alten Reiches, die gewiß nicht „frei" in unserem Sinne gewesen sind, sondern in vielfacher Bindung und Abhängigkeit zum König und zu den anderen göttlichen Mächten standen. Mit Recht hat sich für die Zeit der 3. und 4. Dynastie der kennzeichnende Name „Pyramidenzeit" eingebürgert. Die klare Gliederung, festgefügte Ordnung und straffe Organisation des Staatswesens, welche die Zusammenfassung aller Kräfte auf eine kultische Aufgabe ermöglicht haben, finden in der Pyramidenform symbolischen Ausdruck.

Westlich der Cheopspyramide erhielten der Bauleiter Hemiûn und die Angehörigen seines Stabes Privatgräber zugewiesen. Der so begonnene Westfriedhof von Gîza entwickelte sich im Laufe des Alten Reiches zu eindrucksvoller Geschlossenheit und verhalf dem Material des Steines auch im privaten Grabbau zum Durchbruch. Die Gnade des Königs, dem allein das Verfügungsrecht über Steinbrüche und Bodenschätze zustand, wies den verdienten Beamten und ihren Frauen steinerne Grabbauten zu, die wegen ihres bankförmigen Oberbaues „Mastaba" (arab. „Bank") genannt werden. Die ebenfalls durch königliche Gunst verliehenen Grabstatuen der Beamten werden vorübergehend durch die sogenannten „Ersatzköpfe" verdrängt, die, ohne Porträts zu sein, in eindrucksvoller Charakterisierung den wichtigsten Teil des menschlichen Körpers in die Ewigkeit des Jenseits hinüberretten. Zum materiellen Fortbestand des Toten gehörte seine ständige Versorgung mit dem „Tausend an Brot und Bier, Tausend an Rindern und Geflügel, Tausend an Salbe und Kleidern" der traditionellen Formel des Totenopfers. Totenstiftungen des Königs für seine eigene Grabanlage wie auch für die Grabanlagen seiner Beamten dienten als materielle Grundlage für diese kultische Versorgung und für die Besoldung der dafür erforderlichen Priester; da der Grund und Boden staatlich war, kamen für die Totenstiftungen nur staatliche Güter und ihre Erträgnisse in Frage, die damit praktisch in private Nutznießung übergingen.

Cheops hat ohne Zweifel nicht nur in Gîza, sondern auch an vielen anderen Orten Ober- und Unterägyptens Bauten errichten lassen; spätere Tradition schreibt ihm die Anlage des ältesten Hathortempels in Dendera zu. Da fast alle Kultbauten des Alten Reiches verschwunden oder später überbaut worden sind, besitzen wir keine greifbaren Spuren dieser Bautätigkeit und können den Götterkult dieser Zeit nur aus Priestertiteln, Personennamen und anderen zufälligen Erwähnungen in den Gräbern rekonstruieren. Was sich an Werken der Plastik erhalten hat, reicht gerade aus, um ein einseitig monumentales Bild von der Gîza-Kunst zu korrigieren; die Königsplastik der Cheops-Zeit ist nur durch eine winzige Elfenbein-Figur vertreten, die aus Abydos stammt, und vom Reliefschmuck des königlichen Totentempels in Gîza konnten nur geringe Reste geborgen werden. Da auch die Annalen dieser Zeit fehlen, bleibt die politische Geschichte für uns in Dunkel gehüllt. Neuere Forschungen machen es mehr und mehr wahrscheinlich, daß sich hinter der architektonischen Geschlossenheit doch tiefgreifende religiöse und politische Wandlungen, vielleicht auch Auseinandersetzungen innerhalb der herrschenden Dynastie verbergen. Cheops hat eine Reihe fähiger Söhne gehabt, unter denen vor allem Djedefhor hervorragt. Die Tradition schreibt ihm wie Djosers Baumeister Imhotep eine Weisheitslehre zu, von der sich Bruchstücke in späterer Abschrift erhalten haben; schon im späten Alten Reich wurde er in Gîza als Gott verehrt, und sein Name hat noch zweitausend Jahre später bei den Schreibern der Spätzeit einen guten Klang. Obgleich eine vereinzelte Inschrift aus späterer Zeit die Namen des Djedefhor und anderer Söhne des Cheops in „Kartuschen“ (s. unten) einschließt, scheint er doch nicht die Königsherrschaft ausgeübt zu haben. Nach dem Tode des Cheops besteigt sein Sohn Djedefrê (um 2528—2520) den Thron. Sein Name fand sich auf Blöcken, welche die neugefundene Schiffs-Höhlung bei der Cheopspyramide abschließen; so war es mit Sicherheit Djedefrê, der in der Cheopspyramide die monumentalste Grablegung der Geschichte zelebriert hat.

Mochte es auch unmöglich scheinen, die Grabanlage des

Cheops an Großartigkeit zu übertreffen, so schwang sich die Planung Djedefrês doch zu solcher Kühnheit auf. Als Platz für seine Pyramide wählte er den 8 km nördlich von Gîza gelegenen Felsrücken von Abu Roâsch, der mit einer Höhe von 150 m die Plateaus von Gîza und Sakkâra (80 m) weit überragt. So hätte die Pyramide, über das Niltal hoch emporgehoben und mit dem passenden Namen „Zum Firmament gehörig ist Djedefrê" versehen, selbst bei bescheidenen Ausmaßen die Anlagen seiner Vorgänger weit übertroffen. Der frühe Tod des Königs machte den kühnen Plan zunichte.

Die Veränderungen, die Snofru und Cheops an Grundriß und Ausgestaltung der Pyramidentempel vornehmen, machen aus den rechteckig geschlossenen Anlagen der 3. Dynastie eine langgestreckte „Prozessionsbühne" und lassen damit eine Wandlung des königlichen Bestattungsrituals erkennen. Unter Djedefrê werden weitere Anzeichen eines tiefgreifenden religiösen Umbruchs sichtbar. Sein Name enthält den Namen des Sonnengottes (Re bzw. Ra), der bisher keine wesentliche Rolle gespielt hatte, wenn man von einem vorübergehenden Hervortreten in der 2. Dynastie absieht. Nun aber beginnt dieser Gott alle anderen Gottheiten, auch den Himmels- und Königsgott Horus, an Bedeutung zu überflügeln und als bewegende Kraft der Welt eine Stelle einzunehmen, die bisher dem König gebührte. Das zeigt sich zunächst in dem neuen Titel „Sohn des Re", den Djedefrê als erster König führt. Der Sonnengott hatte inzwischen eine derartige Bedeutung für das Leben von Volk und Staat erlangt, daß das Verhältnis des Königs zu ihm auf irgendeine Weise klar bestimmt werden mußte. Zu Horus war sein Verhältnis als Inkarnation bestimmt, zu Re wurde es nun als Sohnschaft dogmatisch festgelegt. Diese Formulierung bedeutet keine Beeinträchtigung für die Göttlichkeit des Königs, aber Unterordnung unter eine mythologisch ältere göttliche Macht. Die Folgen zeigen sich erst in der weiteren Entwicklung als eine „Heraufkunft des transzendenten Gottes", wie Morenz dieses Phänomen genannt hat. Doch steht hier keineswegs ein einziger, allmächtiger Gott dem König und den Menschen gegenüber; eine ganze Reihe von bedeutenden Göttergestalten übernimmt im Bewußtsein des gläubigen Ägypters immer mehr an Verantwortung für den Lauf der Welt und überschattet damit die Willensentscheidung des göttlichen Königtums.

Auf Djedefrê folgt keiner seiner Söhne, deren Gräber ebenfalls auf dem Höhenrücken von Abu Roâsch liegen, sondern sein Bruder oder Halbbruder Chephren (um 2520—2494). Auch sein Name ist mit Re, dem Namen des Sonnengottes, gebildet; zudem trägt er wie sein Vorgänger das Beiwort „Der wie Re ewiglich lebt", von dem die Pharaonen bis in römische Zeit reichen Gebrauch machen. Mit dem Titel „Sohn des Re" ist die Entwicklung der ägyptischen Königstitulatur im wesentlichen abgeschlossen, wenn sich die vollständige, fünffache Form auch erst seit der späten 5. Dynastie findet. Die endgültige Titulatur beginnt mit dem Horusnamen der Frühzeit und endet mit dem Geburtsnamen des Königs, der wie der vorletzte Name in einen ovalen Ring, die „Kartusche", eingeschlossen wird.

Chephren errichtet seine Grabanlage wieder in Gîza, unmittelbar südwestlich der Cheopspyramide. Seine Pyramide ist etwas kleiner als die seines Vaters, liegt aber höher, so daß sie diese überragt. Ein 600 m langer, gedeckter Aufweg verbindet den Totentempel mit dem Talbau, der noch heute den Besucher mit seinen riesigen Granitquadern beeindruckt. Vor den glattpolierten Granitflächen der Wände und Pfeiler standen auf alabasternem Fußboden ursprünglich 23 Statuen aus Diorit. Die bekannteste läßt in kühner, doch geglückter Verbildlichung des Königsdogmas den Falkengott Horus mit seinen Schwingen das königliche Haupt schützend und kraftverleihend umfassen.

Von ähnlicher Symbolkraft ist ein anderes bedeutendes Bildwerk, das aus der Zeit des Chephren geblieben ist: der große Sphinx von Gîza. In einem Steinbruch neben dem Aufweg des Chephren, aus dem die Blöcke für das Kernmauerwerk der Pyramiden gebrochen wurden, war ein Felskern stehengeblieben, den die Künstler Chephrens zum Sphinx ausgestaltet haben. In Löwengestalt, die ihm aus der magischen Vorzeit geblieben ist und feindliche Mächte abwehren soll, liegt der König, mit menschlichem Haupte und mit dem Kopftuch seines Ornates, als gewaltiger Wächter vor seinem Pyramidenbezirk. Im hoheitsvollen, aber in Jahrtausenden vielfach beschädigten Königskopf des Bildwerkes sah Rilke „des Menschen Gesicht auf die Waage der Sterne gelegt“. Die Ägypter verehrten im Sphinx von Gîza den Gott Harmachis („Horus im Horizont“) und haben bereits im Alten Reich einen Kulttempel vor seinen Pranken errichtet. Da der Löwenleib immer wieder vom Wüstensand zugeweht wurde, erblickten die staunenden Besucher meist nur das Königshaupt.

Der Diorit für die Statuen des Chephren wurde bei Toschka in Nubien gebrochen, und Königssiegel dieser Zeit sind neuerdings auch bei der Festung Buhen am 2. Katarakt gefunden worden. So war das unternubische Gebiet zwischen 1. und 2. Katarakt, mit seinen wertvollen Steinbrüchen und Goldadern, damals fest in ägyptischen Händen. Als Hausangestellte sind Nubier seit der 5. Dynastie in Ägypten zu belegen und bis zum heutigen Tage unentbehrlich geblieben; auch als Soldaten und Polizisten waren sie stets begehrt.

Dem Übergang von Chephren zu seinem Sohne Mykerinos (um 2490—2471) geht vielleicht eine kurze Zeit innerer Wirren voraus, in der Söhne Djedefrês und Chephrens um die Herrschaft ringen; doch ist das Material zu dürftig, um über Hypothesen hinauszukommen. In diese Übergangszeit dürfte die unfertige nördliche Pyramide von Zawyet el-Aryân zwischen Gîza und Abusîr gehören, die manche Ähnlichkeit mit der Anlage von Abu Roâsch aufweist; ihr unbekannter Erbauer bevorzugt wie Djedefrê und Chephren riesige Granitblöcke. Auch Mykerinos verkleidet seine Pyramide im unteren Teil nicht mit Kalkstein, sondern mit Granit. Im ganzen bleibt diese dritte und jüngste Pyramide von Gîza mit 66,5 m Höhe jedoch weit hinter denen des Cheops und Chephren zurück. Wirtschaftliche, politische und religiöse Faktoren werden zusammengewirkt haben, um die bisher buchstäblich „überragende“ Bedeutung des Königsgrabes sichtbar zu mindern und damit den Rückgang der

Göttlichkeit und Macht Pharaos deutlicher zu verraten, als es der neue Titel „Sohn des Re" vermocht hatte. Vielleicht war inzwischen deutlich geworden, daß ein Riesenbau wie die Cheopspyramide nicht in jeder Regierungszeit errichtet werden konnte, ohne die wirtschaftlichen und administrativen Möglichkeiten des Landes rasch zu erschöpfen. Der Akzent verlagert sich von den großflächigen Monumentalbauten zum reicheren Bildprogramm in den Reliefs der königlichen Bauten und der Beamtengräber, eine Wendung ins Detail also.

Die beginnende Entmachtung der königlichen Zentralgewalt läßt sich, trotz aller Versuche, nicht aufhalten und mündet nach Jahrhunderten in den Zusammenbruch des Alten Reiches. Diese Entwicklung beraubt die Weltordnung ihrer bisherigen Mitte, schenkt aber den Menschen ein größeres Maß an Individualität, stärkt das Selbstbewußtsein der Beamten und Priester und zeitigt erste Ansätze einer „bürgerlichen" Gesellschaft. Mit dem ältesten provinziellen Felsgrab von Tihna el-Gebel wird die wachsende Autonomie der Landesteile gegenüber der Residenz ebenfalls schon unter Mykerinos greifbar. Hohe Würdenträger, die im Auftrage des Königs in der Provinz wirken, lassen sich nicht mehr in der Residenz bestatten, sondern in ihrem Amtsbereich, mit dem sie nun fester verwachsen sind als mit der fernen Zentrale. So entsteht ein Gaufürstentum, das sich in den Schutz lokaler göttlicher Mächte stellt und gegen das Ernennungsrecht des Königs allmählich die automatische Erblichkeit der errungenen Ämter durchsetzt.

Schepseskaf (um 2471—2467) bricht mit einer nun schon 150jährigen Tradition und läßt sein Grab nicht in Form einer Pyramide, sondern als riesige, oben abgerundete Mastaba im Südfriedhof von Sakkâra errichten. Er gibt damit auch den Königsfriedhof von Gîza auf, wo sich in der 5. und 6. Dynastie nur noch Priester, die den Totenkult der verstorbenen Könige versehen, bestatten lassen. Seine Schwester Chentkaus bringt die ersten Könige der 5. Dynastie zur Welt, deren Vater wir bisher nicht kennen. Spätere Tradition, die in den Wundererzählungen des Papyrus Westcar festgehalten ist, gibt ihnen Re von

Sachebu zum Vater, also eine Erscheinungsform des Sonnengottes. Aus mehreren Szenenfolgen in Tempeln des Neuen Reiches wird uns dieser alte, wohl vor die 5. Dynastie zurückgehende Mythos noch deutlicher: der Sonnengott zeugt mit einer irdischen Frau königlicher Abkunft den Thronfolger und verleiht ihm damit eine doppelte Legitimität für sein künftiges Amt. Neben dem Sonnengott wird in dieser Umbruchszeit aber auch erstmals die bedeutsame Gottesgestalt des Osiris greifbar, dessen „Heraufkunft" unmittelbar auf die des Re folgen soll.

Die Sonnenheiligtümer der 5. Dynastie verleihen dem Vorrang des göttlichen Vaters vor seinem irdischen Sohn, dem König, auch architektonischen Ausdruck. Nur zwei von ihnen, die des Userkaf und des Niuserrê, konnten bisher ausgegraben werden, die übrigen sind nur durch ihre Namen und ihre Priester bekannt; vermutlich haben sie alle, wie die beiden freigelegten, in einem früher nicht benutzten Abschnitt der memphitischen Nekropole nördlich des heutigen Dorfes Abusîr gelegen. Wie die Pyramidenanlagen bestehen diese Heiligtümer aus Talbau, Aufweg und Kulttempel, hinter dem jedoch keine Pyramide, sondern auf hohem, geböschtem Sockel zunächst nur ein Pfeiler, seit Neferirkarê dann ein riesiger aufgemauerter Obelisk steht. Damit tritt der Obelisk neben Pyramide, Sphinx und Säule als weitere Morgengabe Ägyptens an die Kunstgeschichte. Auf seiner Spitze, die spätestens seit dem Mittleren Reich vergoldet wurde, sollten sich beim Sonnenaufgang die ersten Strahlen des Gestirnes niederlassen. Auf einem offenen Altar wurden dem Gott, dessen Kultbild stets am Himmel anwesend ist, Opfer dargebracht. An den Kulthandlungen, die hier zelebriert wurden, sollte jedoch auch der König als „Sohn" des Gottes teilhaben; nur so wird die Tatsache verständlich, daß jeder König ein eigenes Heiligtum anlegen ließ und daß der Kult an diesen Heiligtümern weiter gepflegt wurde, als man ihre Errichtung längst wieder aufgegeben hatte.

Das Königsgrab behält seine Pyramidenform, verliert aber weiter an Bedeutung. Dies läßt sich allein an den Größenverhältnissen ablesen: der erste König der 5. Dynastie, Userkaf (um 2465—2458), bleibt mit seiner nur 49 m hohen Pyramide selbst hinter Mykerinos weit zurück. Die Grabanlagen seiner Nachfolger, die z. T. erheblich länger regieren, sind kaum größer. Auch die zugehörigen Kultstätten sind weniger monumental als im Gîza-Friedhof, in den Einzelheiten aber reicher ausgestaltet. Der Totentempel des Userkaf dient seinen Nachfolgern als Vorbild. Auf schwarzem Basaltfußboden erheben sich Pfeiler (seit Sahurê Säulen mit Pflanzenkapitell) aus Rosengranit, die weißen Kalksteinwände sind reich mit bemalten Reliefs verziert, Statuen aus den verschiedensten Steinen beleben das farbenprächtige Bild noch weiter. Im Hof des Userkaf-Tempels erhob sich mit 5 m Höhe eine der ältesten Kolossalstatuen, die wir aus Ägypten kennen.

Während Userkaf seine Grabanlage dicht bei der Stufenpyramide von Sakkâra errichtet, verlegt sein Bruder Sahurê (um 2458—2446) den Königsfriedhof nach Abusîr, in den Bereich der Sonnenheiligtümer. Ihm schreiben die Annalen des Palermosteines die erste bekannte Expedition nach dem sagenumwobenen Weihrauchlande Punt an der Somaliküste zu. Auch im Norden lassen sich unter Sahurê die vorgeschobenen Grenzen des ägyptischen Handels abstecken. Reliefs aus seinem Totentempel zeigen die Rückkehr einer Handelsflotte von der syrischen Küste, die u. a. syrische Bären für den Zoo des Königs mit sich führt. Die Beziehungen reichten über Syrien und Kleinasien wohl bis in die Ägäis hinein und berührten auch Kreta. Neben dem staatlichen Handel konnte sich privater Handel nur in sehr bescheidenem Rahmen entwickeln, da der Transport auf weiteren Strecken nur durch königliche Schiffe oder durch königliche Karawanen möglich war. Kriegerische Unternehmungen hat die 5. Dynastie kaum überliefert. Der Sieg über die Libyer, den Sahurê in seinem Totentempel darstellen ließ, ist in der ägyptischen Geschichte mehrfach kopiert worden (Phiops II., Taharka) und geht vielleicht auf ein noch älteres Original zurück.

Nach der besonders häufigen Erwähnung seines Sonnenheiligtums und dem relativ großen Umfang seiner Grabanlage muß Neferirkarê (um 2446—2427) der bedeutendste Herrscher in der ersten Hälfte der 5. Dynastie gewesen sein. Da nur sein Totentempel freigelegt ist, während das Sonnenheiligtum noch der Ausgrabung harrt, und auch die Annalen des Palermosteines mit seiner Regierung abbrechen, ist über diese Zeit wenig bekannt. Ein Papyrusarchiv aus seinem Totentempel, das neuerdings bekannt wurde und Inventare nebst anderen Listen enthält, gehört in die Regierung des Asosi und Unas. Das Amt eines „Vorstehers von Oberägypten" ist wohl in dieser Zeit neu eingerichtet worden, um, direkt dem Wesir unterstellt, für eine wirksamere Kontrolle und verstärkte königliche Autorität in der Provinz zu sorgen. Bleibenden Erfolg hat dieser Versuch nicht gehabt; im „Hasengau" um Hermopolis regiert in dieser Zeit bereits eine Dynastie von Gaufürsten, die sich einen eigenen Familienfriedhof im Felsmassiv von Schêch Saîd auf dem Ostufer des Niles anlegt.

Während der zweiten Hälfte des 25. Jahrhunderts v. Chr., unter Neferirkarê und Niuserrê allmählich greifbar werdend, vollzieht sich eine religiöse Entwicklung von ähnlicher Tragweite wie hundert Jahre früher das Vordringen der Sonnenverehrung. Diesmal ist es der Gott Osiris, der unvermittelt in den Vordergrund des Jenseitsglaubens tritt. Das Wesen dieses Gottes ist von Anfang an äußerst komplex, königliche und naturhafte Züge vereinigen sich im Mythos von seiner Ermordung durch Seth und seinem Wiederaufleben, das zugleich das jährliche Wiedererwachen der Vegetation spiegelt. Zwar sind auch die anderen ägyptischen Götter sterblich, doch das gewaltsame, zutiefst menschliche Todesschicksal bestimmt Osiris in besonderem Maße zum Gott der Toten und sichert ihm einen bleibenden Platz im Herzen der Gläubigen. Im Laufe der 5. Dynastie tritt er auf Kosten des Anubis immer stärker im Totengebet der Privatgräber hervor, in Memphis und Abydos verschmilzt er mit lokalen Totengöttern (Sokar, Chontamenti). Sobald Osiris zum Herrscher der Toten wird, stellt sich das Problem seiner Beziehung zum verstorbenen König, der damit ja seiner Herrschaft unterstellt wäre. Die Lösung, die man findet, betont aufs neue den menschlichen Aspekt des Königs. Sterbend wiederholt er das mythische Schicksal des Gottes und wird als „Osiris NN“ zum Jenseitsherrscher; dieser Eintritt in Wesen und Rolle des Gottes kann jedoch nur im Ritual geschehen, das den Mythos in die Gegenwart hereinholt. Der König wird rituell vergottet: Begräbnisriten machen ihn zu Osiris, die rituelle Thronbesteigung zu Horus. Außerhalb dieses rituellen Rahmens zeigt er ein menschliches Antlitz. Seit der Mitte der 5. Dynastie betonen die Beamten in wachsendem Maße ihr enges persönliches Verhältnis zum König, der sich für ihr Wohlergehen verantwortlich fühlt. Ein neues Gefühl ethischer Verpflichtung bestimmt die Haltung des Königs und seiner Beamtenschaft, das Tun guter Werke tritt in den Vordergrund der Grabinschriften: „Ich rettete den Schwachen vor dem, der stärker war als er ... Ich gab Brot dem Hungrigen, Kleider dem Nackten, ich setzte den Schifflosen über ...“ Auf dieser ethischen Grundlage wandelt sich die alte Vorstellung eines jenseitigen Gerichtshofes, der Grabfrevler zur Rechenschaft zieht, zum allverbindlichen Totengericht, das jeden Verstorbenen nach dem Grade seiner Einfügung in die Weltordnung (Maat) beurteilt und damit als ausgleichende Instanz an Bedeutung gewinnt, je weniger diese Weltordnung auf Erden garantiert ist.

Nach dem Tode Neferirkarês folgen einige dunkle, vielleicht von Wirren erfüllte Jahre, dann die lange, gedeihliche Regierung des Niuserrê (um 2420—2396), der trotz der wachsenden Bedeutung des Osirisglaubens auch an der Sonnenverehrung unverändert festhält. Reliefs aus der „Weltkammer“ seines Sonnenheiligtumes beschreiben das bunte Leben der Natur in den Jahreszeiten und damit zugleich das segensreiche Wirken des Sonnengottes in der Natur, wie es die Sonnenhymnen des Neuen Reiches ausmalen. Die gleiche Freude an der Fülle des Lebens, die auch dem Toten erhalten bleiben soll, offenbart sich in den Privatgräbern dieser Zeit, etwa dem des Ti in Sakkâra, der unter Niuserrê als Priester und Beamter an den nahen Heiligtümern von Abusîr gewirkt hat. Mit liebevoller Naturbeobachtung breiten die Reliefs das tägliche Leben auf den Gütern der Vornehmen wie ein Bilderbuch aus. Ein eigener Raum, der Serdâb (arabisch „Keller“), nimmt eine ständig wachsende Zahl von Statuen des Grabherrn und seiner Familienangehörigen auf. Der wache, gespannte Intelligenz ausstrahlende Schreiber im Louvre und der lebensnahe „Dorfschulze“ in Kairo gehören in diese Zeit. Wie das Grab sich mit einer wachsenden Zahl von Kulträumen zum Familiengrab hin entwickelt, zeigt auch die Plastik eine Vorliebe für Familiengruppen. Die knappe Straffung der Gîza-Zeit weicht einer immer reicheren Entfaltung, die sich in der 6. Dynastie bis zur Auflösung steigert.

Menkauhôr (um 2396—2388) ist der letzte König, der ein Sonnenheiligtum errichtet. Sein Nachfolger Asosi (um 2388 bis 2355) gibt zugleich mit dieser Sitte auch den Königsfriedhof von Abusîr auf. Die beiden letzten Pyramiden der 5. Dynastie liegen wieder in Sakkâra, südlich des Djoser-Bezirkes; der Kult an den Heiligtümern von Abusîr wird jedoch noch eine Weile fortgeführt. Sicher hängt der neue Wandel mit der erhöhten Bedeutung des Osirisglaubens zusammen; wenn der tote König zu Osiris wurde, schien es nicht mehr so entscheidend, ihm eine eigene Sonnenkultstätte für das Jenseits mitzugeben. In dieser Bedeutungsverschiebung von Re und Osiris äußert sich jedoch, das muß betont werden, kein „Religionskampf“ noch ein Machtstreit rivalisierender „Priesterschulen“. Die Fronten so zu ziehen, hieße den Tatbestand allzusehr vereinfachen. Ein selbständiger, vom Beamtentum getrennter Priesterstand kann sich erst jetzt herausbilden, seitdem der Königsdienst hinter dem Gottesdienst an Bedeutung zurücktritt. Königliches Ernennungsrecht zieht seiner Macht enge Grenzen, und eine „Religionspolitik“ kann in dieser Zeit, wenn überhaupt, nur vom König und seiner engsten Umgebung getrieben werden. Urbilder, wie es die ägyptischen Gottheiten sind, haben ihr eigenes Werden und ihre eigene Entwicklung innerhalb der Religion eines Volkes, der Priester wie Könige Rechnung tragen müssen. Mit dem Hervortreten des Osirisglaubens gelangen magische Vorstellungen, denen im Sonnenglauben keine Bedeutung zukam, aus tiefen Schichten wieder an die Oberfläche. In der Beamtenschaft werden alte, aufgegebene Titel wegen ihrer vermeintlichen magischen Kraft wieder beliebt, „man behängt sich mit ihnen wie mit Amuletten" (Helck). So beginnt die bürokratische Ordnung sich nicht nur in der Dezentralisierung, sondern auch in einer Titelinflation aufzulösen, die vor dem höchsten Staatsamt nicht haltmacht; seit der Wende zur 6. Dynastie wird es immer schwieriger, zwischen amtierenden Wesiren und Titularwesiren zu unterscheiden.

In den unterirdischen Kammern seiner Pyramide hat König Unas (um 2355—2325), mit dem die 5. Dynastie endet, Sprüche des königlichen Bestattungsrituals einmeißeln lassen. Viele dieser Sprüche sind zweifellos schon beim Begräbnis seines Vorgängers rezitiert worden, und manche mögen auch auf frühere Dynastien zurückgehen; doch drängt sich der Gedanke auf, daß der Entschluß, die bisher auf vergänglichem Papyrus überlieferten Sprüche im Stein zu verewigen und ihnen damit größere magische Wirksamkeit zu verleihen, mit einer gründlichen Neuredaktion des Rituals zusammenfällt. Diesem Entschluß des Unas verdanken wir die älteste religiöse Spruchsammlung nicht nur Ägyptens, sondern der Menschheit: die Pyramidentexte. Allerdings wäre es gefährlich, ein Bild der Religion dieser Zeit um 2350 v. Chr. nur nach den Pyramidentexten zeichnen zu wollen. Die Sprüche sind, wie es dem Denken der Zeit entspricht, vornehmlich unter dem Gesichtspunkt ihrer magischen Wirksamkeit und ihres rituellen Zweckes zusammengestellt. Sie sollen den Toten von der immer fragwürdiger werdenden Versorgung durch Lebende unabhängig machen, ihn zu Osiris vergotten und mit stärksten Zauberkräften seine ungehinderte Auffahrt ins himmlische Reich seines Vaters Re, des Sonnengottes, ermöglichen. Das Jenseits liegt also am Himmel bei Re, aber auch in der Tiefe der Erde bei Osiris. Die Lösung dieses Gegensatzes, die im Neuen Reich auf eine knappe Formel gebracht wird, kündigt sich bereits in den Pyramidentexten an: der Leichnam des Toten gehört ins Grab und in die Unterwelt, seine

Seelenkräfte[3] aber ins Reich der Gestirne, zum Himmel. In ähnlicher Klarheit wird vielleicht schon in der Ersten Zwischenzeit auch das problematische Verhältnis zwischen Re und Osiris gelöst: da der tote König und bald jeder Verstorbene zu Osiris wird, erscheint der „gestorbene“, abends in die Unterwelt hinabsinkende Sonnengott dort ebenfalls in der Gestalt des Osiris. Eine solche „synkretistische“ Verschmelzung von Göttern gehört zu den Grundelementen ägyptischer Theologie.

Da die Pyramidensprüche um Tod und Jenseits kreisen, treten die rein diesseitigen Gottheiten wenig hervor. Der memphitische Schöpfergott Ptah wird nur selten erwähnt, und das früher ins Alte Reich datierte „Denkmal Memphitischer Theologie“, das ihn zum Mittelpunkt einer vergeistigten Schöpfungslehre durch das Wort macht, gehört in wesentlich spätere Zeit. Auch von dem Gott Amun, dem eine so große Zukunft bestimmt war, findet sich in der Unaspyramide die erste, noch sehr unbestimmte Nennung. Bezeichnend ist, daß etwa gleichzeitig mit der Beschriftung der königlichen Sargkammer auch in den unterirdischen Grabkammern der Beamten Inschriften einsetzen; hier kommt die gleiche Skepsis gegenüber der Wirksamkeit von nur gesprochenen Ritualtexten zum Ausdruck.

Neben den Pyramidentexten steht die Weisheitsliteratur als zweite wichtige Quelle für die Geistesgeschichte dieser Zeit. Sie hat es mit dem Diesseits zu tun, mit der richtigen Einordnung in die Gegebenheiten dieser Welt. Die ägyptischen Weisheitslehren wollen damals wie auch später keine moralischen Gesetze formulieren, sondern praktische Anweisungen geben, wie man sich in bestimmten Situationen gegen Vorgesetzte, Gleichgestellte und Untergebene zu verhalten hat. Die Anweisungen lassen pragmatische Lebenserfahrung, aber auch ethisches und soziales Verantwortungsgefühl erkennen. Sie werden einer hervorragenden Persönlichkeit des öffentlichen Lebens in den Mund

[3] Der Ägypter kannte keinen abendländischen Gegensatz Leib/Seele, sondern dachte sich die menschliche Person aus einer Vielzahl von Komponenten (Leib, Herz, Schatten, Ba, Ka) aufgebaut.

gelegt und sind an deren Sohn oder Schüler gerichtet; so wird die bedeutendste der damaligen Lehren dem Wesir Ptahhotep am Hofe des Königs Asosi zugeschrieben.

Der mit Palmensäulen aus Rosengranit ausgestattete Talbau des Unas stand mit dem Tempel vor seiner Pyramide durch einen fast 700 m langen, gedeckten Aufweg in Verbindung, dessen hohe Seitenwände außer traditionellen auch höchst ungewöhnliche Darstellungen tragen. Neben Jagd, Landwirtschaft und Marktleben wird der technisch eindrucksvolle Transport der mächtigen Säulen-Monolithe gezeigt, eine vielbesprochene Szene stellt in krassem Realismus hungernde Beduinen dar, denen Ägypten wohl schon damals als „Land der Fleischtöpfe" erschienen ist. In einer anderen Darstellung werden Kämpfe gegen asiatische Beduinen geschildert, die wir auf der Sinai-Halbinsel oder im südlichen Palästina suchen müssen. Daß ägyptische Vorstöße in der ausgehenden 5. Dynastie nicht nur gegen schweifende Beduinenstämme, sondern auch gegen seßhafte Stadtkulturen Palästinas geführt wurden, beweist die Erstürmung einer asiatischen Festung, die in einem Gaufürstengrab in Deschâscha dargestellt ist. Handelsexpeditionen werden weiterhin nach Byblos und Punt ausgesandt; eine der Puntexpeditionen bringt unter König Asosi einen Pygmäen mit, dessen Erscheinung die Zeitgenossen sehr beeindruckt hat.

In der Nähe der Unaspyramide sind mehrere Prinzessinnen bestattet, einen Sohn hat Unas offenbar nicht hinterlassen. So fiel die Krone bei seinem Tode an Teti (um 2325—2292), der die 6. Dynastie begründet und den Thron vermutlich seiner Heirat mit der Königstochter Iput verdankt. Der Dynastiewechsel bringt keinen fühlbaren Einschnitt, der Königsfriedhof bleibt in Sakkâra, und die Kammern der Königspyramide werden bis ans Ende des Alten Reiches mit den Sprüchen des Begräbnisrituals versehen, wenn auch in jeweils wechselnder Auswahl und Anordnung. Um die Pyramide des Teti liegt ein bedeutender Beamtenfriedhof, in dem vor allem das Familiengrab des Wesirs

Mereruka mit seinen 32 Kammern und dem reichen Reliefschmuck den Besucher beeindruckt, ohne jedoch die künstlerische Vollendung der 5. Dynastie bewahren zu können. In der Provinz wachsen Macht und Einfluß der Gaufürsten unvermindert weiter; einige von ihnen, wie Isi von Edfu und sein späterer Kollege Hekaib von Elephantine, erlangen für ihr Gebiet eine solche Bedeutung, daß sie bis ans Ende des Mittleren Reiches göttliche Verehrung genießen. Bei Isi bestätigt sich wieder die inzwischen errungene Erblichkeit des Amtes für diese lokalen Machthaber, er wird von seinem Sohne Qar gefolgt. Dagegen scheint es bei der Nachfolge des Königs Teti Schwierigkeiten zu geben; zunächst folgt die ganz kurze Regierung eines Königs Userkarê, und es gibt sogar unbestimmte Hinweise auf Verschwörung und Königsmord.

Tetis Sohn Phiops (Pepi) I. (um 2292—2260) hat seine Titulatur im Laufe seiner langen Regierung mehrfach geändert, vor allem bei der Feier seines Erneuerungsfestes. Wie schon in der zweiten Hälfte der 5. Dynastie, scheuen die Könige auch in der 6. Dynastie nicht davor zurück, in ihre Titulatur einen Kosenamen (Teti, Pepi) aufzunehmen, den Privatleute schon lange neben dem „offiziellen" Namen verwenden. Neben diese Popularisierung des Königtums tritt nun seine sichtbare Beugung unter die herrschenden neuen Gewalten: unter Götter und Feudalherren. Phiops I. läßt sich als erster König beim Opfer vor den Göttern knieend darstellen (Statuette in Brooklyn) und schließt einen Ehebund mit zwei Töchtern des oberägyptischen Gaufürsten Chui, dessen Familie in Abydos beheimatet ist und nun einen starken Einfluß auf die Staatsgeschäfte gewinnt. Ein Bruder der beiden Königinnen, Djau, steigt später zum Wesir auf und ist die erste nichtkönigliche Person, von der unter Phiops II. die Aufstellung einer Tempelstatue bezeugt ist. Das Königtum wird von der Loyalität mächtiger Provinzherren abhängig und auf eine begrenzte Hausmachtpolitik angewiesen.

Die wachsende Bedeutung der Provinz zeigt sich nicht zuletzt in der regen Bautätigkeit Phiops' I. in zahlreichen Gauen des

Landes; da der König immer noch über die wichtigsten Steinbrüche verfügte, konnten die Gaufürsten noch nicht als eigene Bauherren auftreten und blieben zumindest in dieser Beziehung auf ein gutes Verhältnis zum Königtum angewiesen. Die kultische Fürsorge des Königs gilt vor allem den Göttinnen Bastet und Hathor und dem Zeugungsgott Min, dem Schutzherrn der Ostwüste, also Gottheiten, die seit der Frühzeit eine bedeutende Rolle am Hofe und im Lande gespielt haben. Mit dem späteren Kriegsgott Month begegnet aber auf einem Siegelzylinder und im Begräbnisritual Phiops' I. auch eine Gottheit des thebanischen Gaues an prominenter Stelle; wir dürfen darin einen ersten Hinweis auf die kultische Bedeutung dieses Gebietes sehen, das zwei Jahrhunderte später die politische Führung übernehmen sollte. Obgleich die Residenz unter Phiops I. an Bedeutung zu verlieren scheint, erhält sie ihren bleibenden Namen „Memphis" gerade vom abgekürzten Namen seiner Pyramidenanlage „Bleibend und vollkommen (ist Phiops)".

In seinem Provinzgrab in Abydos berichtet der Expeditionsleiter Uni von kriegerischen Unternehmungen dieser Zeit; sie richten sich gegen die „Sandbewohner", also gegen Beduinen des Sinai-Gebietes, doch werden durch eine kombinierte Operation zu Wasser und zu Lande, bei der ägyptische Truppen im Rücken des Feindes landen, auch Stämme in Südpalästina besiegt. Denselben Uni treffen wir unter Phiops' Sohn Merenrê (um 2260—2254) im Amte eines „Vorstehers von Oberägypten", das seine wichtige Kontrollfunktion wenig später verliert, indem es die mächtigsten Gaufürsten ihrer Titelreihe einverleiben. In dieser neuen Eigenschaft ist Uni für alle Expeditionen in die Ostwüste und nach Nubien verantwortlich. Felsinschriften verewigen persönliche Inspektionen des jungen Königs am 1. Katarakt, wo er den Tribut der nubischen Häuptlinge entgegennimmt. Während seiner Regierung stößt der Gaufürst Herchuf von Elephantine auf drei Expeditionen über die Karawanenwege der Westwüste tief in nubisches Gebiet vor, bis in die Gegend des 3. Kataraktes. Vielleicht steht dieser Vorstoß bereits in Zusammenhang mit der Bildung eines größeren Staatswesens in Nubien, der kulturell das Vordringen der C-Gruppen-Kultur entspricht.

Nach dem frühen Tode Merenrês besteigt sein Halbbruder Phiops II. (um 2254—2160) den Thron. Die unglaublich lange Regierungszeit von 94 Jahren, die ihm Manetho (s. S. 42) zuschreibt, wird durch den Turiner Königspapyrus des Neuen Reiches bestätigt; für eine sehr lange Regierungszeit sprechen zudem die erhaltenen Datierungen und die Aufeinanderfolge mehrerer Gaufürsten-Generationen während seiner Regierung. Daß er als Kind den Thron bestiegen hat, ist sicher. Ein Kind hatte es auf dem Pharaonenthron, wenn überhaupt, seit langer Zeit nicht gegeben; unter diesem Eindruck stellen die Künstler des Hofes Phiops II. gern als königliches Kind dar. Sicher fühlte man sich an das mythische Vorbild des Horusknaben erinnert, der auch schon als Kind zur Herrschaft berufen wird. Kindliche Freude und Neugier äußert sich in der Anteilnahme des Königs am Wohlergehen eines Tanzzwerges, den der bewährte Expeditionsleiter Herchuf aus Nubien ankündigt.

In den neun Jahrzehnten dieser langen Regierung bereitet sich der Zusammenbruch des Alten Reiches vor. Er kommt nicht durch äußeren Anstoß. Zwar scheinen sich Überfälle auf ägyptische Expeditionen zu häufen, aber ernsthafte Gefahren drohen weder von Vorderasien noch von Nubien her. Fahrten nach fernen Zielen, wie nach Byblos und nach Punt, sind inzwischen zur Routine geworden; ein Beamter wie Chnumhotep hat allein an elf solcher Fahrten teilgenommen. Innenpolitisch aber wird bereits die lange Regentschaftszeit, in der die Mutter des Königs und ihre Gaufürsten-Familie die Politik bestimmen, eine weitere Schwächung des Königtums und der Zentralverwaltung gebracht haben. Eine volkstümliche Erzählung des Neuen Reiches schildert auch den erwachsenen König nicht gerade als starke Persönlichkeit, sondern durch anomale Neigungen in verfängliche Situationen verstrickt. Entscheidend aber ist, daß die archaisch-patriarchalische Struktur der Verwaltung den spezialisierten Anforderungen dieser Zeit nicht länger gewachsen ist und nicht konsequent genug den neuen Verhältnissen angepaßt wird.

Während der andauernden Schwäche des Königtums war die vollkommene Durchorganisierung des Staatswesens, welche die Blütezeit des Alten Reiches kennzeichnet und seine staunenswerten Leistungen ermöglicht hat,- nicht mehr aufrechtzuerhalten. Die ständig wachsende Zahl der durch königliche Immunitätsdekrete von Steuern und anderen Leistungen befreiten Kultstiftungen belastete die Wirtschaftskraft des Staates und bürdete den verbliebenen Steuerzahlern wie dem königlichen Schatzhaus immer größere Lasten auf. Eine schwache Zentralverwaltung konnte dem staatlich gelenkten Handel weder den nötigen Schutz noch die sinnvolle Planung gewähren. Die Folge mußten wirtschaftliche Schwierigkeiten und endlich Katastrophen sein, Hungersnöte und Kampf um das nackte Leben. In den biographischen Inschriften tritt die wirtschaftliche Not und ihre nur gelegentliche Überwindung in den Vordergrund des Interesses. Auch in der nun einsetzenden „Umsturzliteratur“ werden die Hungersnöte und die daraus folgende Auflösung aller Bindungen drastisch geschildert. Die in der Frühzeit errungene Ordnung der Welt verkehrt sich in ihr Gegenteil, das Land sinkt in den Zustand der Unordnung, mythisch in die Welt vor der Schöpfung zurück. Die Auseinandersetzung mit diesem furchtbaren Erlebnis, der Wiederkehr des scheinbar gebannten Chaos und seiner zerstörenden Mächte, führt zu einer Blüte der Literatur, wie sie Ägypten vorher nicht gekannt hat. Während die bildende Kunst, ohne den Rückhalt einer zentralen Residenz, auf provinzielles Niveau absinkt, greift die geistige Elite des Landes zur Schreibbinse, um den Zusammenbruch schonungslos zu schildern und die bisher tragenden Mächte, selbst den nur „Gott“ genannten Schöpfer und Erhalter der Welt, dafür verantwortlich zu machen. Es scheint, daß der göttliche „Hirte“ seine Menschenherde, die er bislang sicher geführt hatte, im Stiche läßt, und selbst der Trost eines seligen Jenseits ist in Frage gestellt. Den Dichtern bleibt der Trost des Wortes und die Freude am Niegesagten, die den Formalismus der Totentexte und der Biographien durchbricht. Die Umsturzliteratur überdauert die Wiederherstellung der Ordnung durch die 11. und 12. Dynastie und gehört noch im Neuen Reich zur Schullektüre. Allerdings krönen spätere Werke, wie die „Weissagungen" des Neferti und des Chacheperrêseneb, die Schilderung des Umsturzes durch die Prophezeiung eines Retters und damit einer Überwindung des Chaos. Spuren der geistigen Auseinandersetzung tragen auch die Sargtexte, die im 21. Jahrhundert v. Chr. die Pyramidentexte ablösen. Zum Teil überliefern sie älteres Spruchgut, zum größeren Teil aber neuformulierte Sprüche, die den Toten auf seiner Reise ins Jenseits geleiten und ihn mit der nötigen Zauberkraft ausstatten sollen; denn dieses Jenseits erscheint, stärker noch als in den Pyramidentexten, als eine Welt voller Gefahren. Seit es keine Pyramiden mehr gibt, werden die Sprüche auf Holzsärge geschrieben. Gaufürsten und Beamte übernehmen das königliche Bestattungsritual, und mit der Zeit erhebt jeder Privatmann Anspruch darauf, im Tode ein „Osiris NN" und damit göttlich zu werden.

Inmitten des Zusammenbruches von Verwaltung, Wirtschaft und sozialer Ordnung greifen die lokalen Machthaber zur Selbsthilfe, um die nötigsten Lebensmittel für sich und für ihre Untertanen zu beschaffen. Häufig geschieht das durch Plünderungszüge in benachbarte Gebiete und durch gewaltsame Eintreibung bei den Bauern, die sich ihrerseits bewaffnet zusammenrotten. So wächst die allgemeine Unsicherheit im Lande. In den befestigten Residenzen der Gaufürsten bildet sich ein städtisches Bürgertum, dem Erwerb und Mehrung von Privatbesitz zum Lebensinhalt wird. Aus nedjes, einer abwertenden Bezeichnung der „Kleinen", wird die positive Selbstbezeichnung des „Bürgers". Nun erst werden die Städte zu politischen Zentren, ihnen speziell gilt die Sorge der neuen Machthaber.

Nach dem Tode Phiops' II. (um 2160) hat sein Sohn Merenrê II. Antiemsaf, selber schon hochbetagt, nur 13 Monate den Thron inne; dann folgen in ähnlich raschem Wechsel mindestens ein Dutzend Herrscher, die zwar immer noch in Memphis residieren und nominell das ganze Land beherrschen, aber immer weniger wirkliche Macht in Händen halten. Der Turiner Königspapyrus, Herodot und Manetho setzen übereinstimmend an das Ende der 6. Dynastie eine Königin „Nitokris", die aus zeitgenössischen Quellen nicht belegt werden kann und ihr Dasein vielleicht nur einem Abschreibefehler in den Königslisten verdankt. Nach Merenrê II. hat wahrscheinlich noch ein weiterer Herrscher aus der Familie Phiops' II. regiert, dann die 7. Dynastie, deren Könige so rasch wechseln, daß Manetho hier 70 Könige nur je einen Tag lang regieren läßt und der Turiner Königspapyrus bei sechs von ihnen darauf verzichtet, auch nur den Namen zu nennen. Die vier oder fünf Könige der 8. Dynastie regieren zusammen nur ein Jahrzehnt, ernennen aber immer noch „Vorsteher von Oberägypten" aus einem in Koptos ansässigen Gaufürsten-Geschlecht, das sich auch durch Heirat mit dem kurzlebigen Königshaus verbindet. Die Könige dieser Dynastie errichten bescheidene Pyramiden in Sakkâra, erlassen Schutzdekrete für den Min-Tempel von Koptos und treten als Herrscher des ganzen Landes auf. Erst mit dem Ende der 8. Dynastie bricht die Einheit des Landes endgültig auseinander, und zugleich verliert Memphis seine Funktion als Königsresidenz. Die Königslisten lassen die 8. Dynastie mit einem Neferirkarê enden und kennzeichnen zugleich einen tiefen Einschnitt: das Ende des Alten Reiches und den Beginn einer „Ersten Zwischenzeit"!

Was sich um 2134 v. Chr. in Memphis abgespielt hat, bleibt leider der Spekulation überlassen. Die Hauptstadt fällt sehr bald einer Gaufürstenfamilie zu, die in Herakleopolis, südlich des Fajûm, residiert und nun auch keine Bedenken trägt, die Königswürde zu übernehmen. Der ptolemäische Priester Manetho (um 280 v. Chr.), auf den unsere Ordnung der ägyptischen Könige zu Dynastien zurückgeht, zählt sie als 9. und 10. Dynastie (etwa 2134—2040). Wie weit das Einflußgebiet dieser Könige anfangs nach Süden reicht, wissen wir nicht. Koptos, das mit der 8. Dynastie so eng verbunden war, schließt sich wahrscheinlich dem zweiten Machtzentrum an, das in Theben, also im 4. oberägyptischen Gau, entsteht. Die dortige lokale Dynastie scheint auf einen „Gottesvater" Montuhotep zurückzugehen und in engen Familienbeziehungen zu den Gaufürsten von Elephantine zu stehen. Statuen der thebanischen Fürsten werden im Tempel des Hekaib auf der Nilinsel Elephantine aufgestellt, und man darf annehmen, daß den Thebanern durch diese Verbindung mit dem Süden von Anfang an die begehrten nubischen Söldner zur Verfügung standen, die im beginnenden Kampf um die neue Einigung des Landes dem thebanischen Heer die größere Stoßkraft verleihen. Zunächst, in den letzten Jahrzehnten des 22. Jahrhunderts v. Chr., tritt in den beiden Gauen von Hierakonpolis und Edfu, die Theben von Elephantine trennen, noch der „Burggraf" Anchtifi selbständig handelnd auf. Die Inschriften seines Grabes in Moalla zeigen, in welch engem Rahmen sich die „große" Politik damals bewegen mußte: Meisterung der andauernden wirtschaftlichen Schwierigkeiten, Beschaffung des nötigen Saatgutes und Sorge um die elementarsten Bedürfnisse der Untertanen stehen im Vordergrund. In diesem engen Kreise übernimmt Anchtifi jedoch ganz die königliche Rolle eines „Guten Hirten" und vergleicht sich in seiner Fürsorge ungescheut mit den Göttern. An eine ägyptische Außenpolitik war unter solchen Umständen nicht zu denken; die Fahrten nach Byblos und Punt hören auf, Nubien bleibt sich selbst überlassen und wird von einer neuen Bevölkerungsschicht, der sogenannten „C-Gruppe", durchdrungen.

Das thebanische Fürstengeschlecht nimmt etwa gleichzeitig mit den Gaufürsten von Herakleopolis die Königstitulatur an, allerdings in einer verkürzten Form. Mit dem Horusnamen Sehertaui („Der die beiden Länder beruhigt") erhebt schon der erste „König" dieser 11. Dynastie, Antef I., Anspruch auf das ganze Land, doch wird auch seinem Bruder Antef II. (2118 bis 2069), der die Geschicke des thebanischen Teilreiches ein halbes Jahrhundert hindurch lenkt, zunächst wenig mehr als der Gau von Theben gehorcht haben. Erst nach dem Tode des Anchtifi konnte er die südlichen Gaue bis zum 1. Katarakt fest in seiner

Hand vereinigen. Im Norden steht der 8. (thinitische) Gau im Mittelpunkt der ersten greifbaren Kämpfe zwischen beiden Teilreichen und wechselt unter Antef II. mehrfach den Besitzer. In diesem Gau liegt Abydos, das als oberägyptisches Kultzentrum des Osiris ständig an Bedeutung gewinnt.

Ein kraftvoller Gegenstoß, den Antef II. in Erwiderung eines Angriffs über Abydos hinaus nach Norden führt, gelangt bis in den „Schlangengau“, scheitert aber am Machtbereich der Gaufürsten von Siût (13. Gau, heute Assiût), die bis zuletzt treue Vasallen des Nordreiches bleiben. Nach den ersten Kämpfen kommt es zwischen den Machthabern in Herakleopolis und Theben zu einem einigermaßen friedlichen Verhältnis; beide sind viel zu sehr mit inneren Problemen beschäftigt, um sich auf die Dauer in aufreibende Kämpfe einlassen zu können. Die Herakleopoliten versuchen, von Minia bis zum Ostdelta eine befestigte Verteidigungslinie gegen die Überfälle asiatischer Beduinen zu errichten, und nehmen sogar den Seeverkehr mit Byblos wieder auf.

Die Literaturblüte dieser Zeit bleibt im wesentlichen auf das Nordreich beschränkt, dessen Könige stärker an die Tradition des Alten Reiches anknüpfen. Einem der Könige der 10. Dynastie wird eine Weisheitslehre für seinen Sohn Merikarê zugeschrieben, die in Wirklichkeit eine Art „Regierungserklärung“ dieses Sohnes ist und damit eine neue Literaturgattung begründet, die vor allem in der 12. Dynastie blüht und politische Absichten in ein literarisches Gewand kleidet. Wichtig ist die „Lehre für Merikarê“ auch als Zeugnis für die wachsende Gegenwärtigkeit des Totengerichtes, das eine auf Erden vermißte Gerechtigkeit wenigstens für das Jenseits garantiert. Zweifel an den herrschenden Mächten der Welt und an ihrer inneren Bindung an die Maat durchziehen die Klagen des „Beredten Bauern“, dessen Leidensgeschichte ebenfalls im Nordreich spielt.

Im Südreich, dessen Vitalität letztlich über die kulturelle Verfeinerung des Nordreiches siegen sollte, verläuft die kurze Regierung Antefs III. (2069—2061) im wesentlichen friedlich.

Einer seiner Beamten führt erstmals den programmatischen Namen Amenemhât „Amun ist an der Spitze“, den später vier Könige der 12. Dynastie tragen. Amun, dessen Herkunft und ursprüngliches Wesen sich nicht mehr mit Sicherheit ermitteln lassen, hat sich neben Month inzwischen zur führenden Gottheit des thebanischen Gaues und damit des Südreiches entwickelt. Er nimmt dabei das Wesen anderer Götter in sich auf, etwa den Fruchtbarkeits-Aspekt des benachbarten Min von Koptos, vor allem aber die Schöpferrolle des Sonnengottes, deren göttliche Fülle ihn zum Weltlenker Amun-Rê werden läßt. Mit dem Eintritt des Amun in diese neue Rolle hat das ägyptische Pantheon auf lange Sicht seine bleibende Gestalt gewonnen.

Unter Antefs III. Sohn Montuhotep I. (2061—2010) kommt es nach friedlichen Anfangsjahren zum Entscheidungskampf mit dem Nordreich, das von Merikarê regiert wird. Anlaß dazu scheint ein Versuch des Nordens zu sein, sich wieder in den Besitz des thinitischen Gaues zu setzen, der nun schon seit langem zum thebanischen Machtbereich gehört. Der Versuch wird vereitelt und führt im Gegenstoß zur Eroberung von Siût, wo König Merikarê erst wenige Jahre vorher persönlich an der Einsetzung des neuen Gaufürsten Cheti II. teilgenommen hatte. Nachdem Merikarê durch den Verlust von Siût seines mächtigsten Vasallen beraubt war, versuchten die Fürsten der nördlich anschließenden Gaue (Hasengau und Antilopengau) mit diplomatischem Geschick ihr Gebiet aus den Kampfhandlungen herauszuhalten. So können die Thebaner, ohne nennenswerten Widerstand zu finden, über Hermopolis bis vor die Residenz Herakleopolis verstoßen. Merikarês Nachfolger, dessen Name nicht überliefert ist, verliert Hauptstadt und Thron. Die Beamten seines Reiches werden teils gefangengesetzt, teils mit den Künstlern und Handwerkern der Nordresidenz in den Dienst des Siegers übernommen. Manche fliehen wohl auch nach Vorderasien, wo die Erzählung des Sinuhe ägyptische Emigranten erwähnt. Von der Schwere der Kämpfe, die der neuen Reichseinigung vorausgehen, zeugt ein Massengrab von 60 thebanischen Soldaten, das 1923 entdeckt wurde. Nach dem Fall von Herakleopolis geraten der memphitische Raum und das Delta ohne größere Kämpfe in die Hand der Thebaner. Damit ist Ägypten nach einem Jahrhundert der Zerrissenheit um 2040 v. Chr. wieder in einer Hand vereinigt.

DAS MITTLERE REICH

Unter seinem Thronnamen Nebhepetrê lebt Montuhotep I. neben Menes und dem späteren Ahmose im Gedächtnis der Nachwelt als zweiter Einiger des Landes fort. Für ihn selbst war die reale Vereinigung der getrennten Landesteile Anlaß, seinen Horusnamen ein zweites Mal zu ändern; für den Rest seiner 51jährigen Regierung nennt er sich Horus Sema-taui „Der die Beiden Länder vereinigt hat". Um den Norden des Landes enger an die neue thebanische Zentrale zu binden, schafft der König das Amt eines „Vorstehers von Unterägypten". Die Grenzen werden gesichert, und vom Delta aus fahren ägyptische Schiffe wieder nach Byblos, um das begehrte Bauholz zu holen. Die königliche Bautätigkeit lebt zumindest in Oberägypten wieder auf und wird durch die Anlage eines Doppelgrabes im Talkessel von Deir el-Bahri auf dem thebanischen Westufer gekrönt. Die eindrucksvolle Anlage, „Verklärt sind die Stätten Nebhepetrês" genannt, vereinigt Elemente des Pyramidengrabes mit denen des oberägyptischen Felsgrabes und macht die errungene Einheit damit augenfällig. Das eigentliche Grab liegt im Felsen, während die bescheidene Pyramide sich inmitten eines Pfeilersaales über einer rituell bestatteten Königsstatue erhebt. Die Statuen des Königs sind noch grob und blockhaft, aber ausdrucksstark aus Sandstein gehauen, während die Reliefs seines Totentempels, verglichen mit den unbeholfenen Anfängen vor der Reichseinigung, zu neuer Sicherheit und Feinheit der Linienführung gefunden haben. In der Nähe des Königsgrabes von Deir el-Bahri läßt Montuhotep I. auch für seine höheren Beamten Felsgräber anlegen, die mit ihren breiten, durchbrochenen Fassaden aus der Masse späterer Beamtengräber herausragen.

Am Ende seiner langen Regierung konnte der Reichseiniger seinem Sohne Montuhotep II. (2010—1998) einen politisch wie wirtschaftlich gefestigten Staat, tüchtige Beamte und vorzügliche Künstler hinterlassen. Der neue König setzt das große Bauprogramm seines Vaters fort und dehnt es auch auf das Delta aus; überall im Lande galt es kultische Forderungen der inzwischen neu in den Vordergrund getretenen Gottheiten zu erfüllen. Im 8. Jahr des Königs (2003 v. Chr.) rüstet sein Beamter Henenu nach langer Pause wieder eine Expedition zum fernen Weihrauchlande Punt aus. Im Grab eines anderen hohen Beamten dieser Zeit, des Kanzlers Meketrê, hat sich ein besonders reicher Schatz an Modellen gefunden, wie man sie den Gaufürsten und anderen hohen Würdenträgern der Ersten Zwischenzeit gern ins Jenseits mitgab. Garten, Haus, Werkstätten, Boote und Viehherden des Kanzlers sind naturgetreu in Holz nachgebildet, dazu die Diener bei ihren verschiedenen Arbeiten, die sie für ihren Herrn im Totenreich fortsetzen sollen. Die bunte Fülle dieser ländlichen Welt, welche die Gräber des Alten Reiches ins Relief gebannt haben, ist hier im Rundbild festgehalten. Solche Szenen des täglichen Lebens finden in den kürzlich veröffentlichten Briefen des Hekanacht, eines kleinen Gutsbesitzers und Totenpriesters unter Montuhotep II., ihre literarische Entsprechung.

Der letzte König der 11. Dynastie, Montuhotep III. (1998 bis 1991), ist kein legitimer Thronfolger gewesen und wird in späteren Listen übergangen. Doch nimmt auch er gleich zu Beginn seiner Regierung große Bauvorhaben in Angriff und entsendet seinen höchsten Beamten, den Wesir Amenemhât, als Befehlshaber einer ganzen Armee von Arbeitern zu den Steinbrüchen des Wâdi Hammamât, um dort einen Sarkophag für die geplante königliche Grabanlage herzustellen. Dieser Wesir Amenemhât ist vermutlich mit dem gleichnamigen Begründer der 12. Dynastie identisch, doch besitzen wir über die näheren Umstände des Thron- und Dynastiewechsels keine zuverlässige Überlieferung; in den „Weissagungen des Neferti" wird er nach einem schon geprägten Schema ausgemalt: Umsturz und allgemeine Not im Lande, der „Sohn einer Frau aus Nubien" und neue König Ameni (sein Kosename) erscheint als Retter und

Wiederhersteller der Ordnung. Manches spricht dafür, daß der Wechsel sich in Wirklichkeit nicht gewaltsam vollzogen hat, vielleicht auch schon durch eine Mitregierung vorbereitet wurde.

Der neue König und Dynastiegründer Amenemhât I. (1991 bis 1962 v. Chr.) scheint Sohn eines „Gottesvaters" Sesostris und einer Angehörigen des Gaufürstenhauses von Elephantine zu sein. Auch die übrigen Könige dieser ruhmreichen 12. Dynastie tragen seinen Geburtsnamen oder den seines Vaters. Für die drei ersten Namen seiner Titulatur wählt Amenemhât I. übereinstimmend die Devise „Wiederholer der Geburten (d. h. der Schöpfung)" und kennzeichnet seine Herrschaft damit zu Recht als Beginn einer neuen Epoche. Nachdem die 11. Dynastie aus bescheidenen Anfängen ein geordnetes, tragfähiges Staatswesen wiederhergestellt hat, beginnt mit der 12. Dynastie die zweite große Blütezeit Ägyptens.

An ihrem Beginn steht die Verlegung der Residenz aus dem zu sehr abseits gelegenen Theben ins alte Zentrum des Landes. Nicht direkt in Memphis, aber 30 km südlich davon, beim heutigen Dorfe El-Lischt, wird eine neue Hauptstadt errichtet und „Amenemhât, der die Beiden Länder in Besitz genommen hat" genannt. Die Pyramidenzeit, deren steinerne Zeugen in Sichtweite liegen, dient der neuen Residenz als Leitbild, alte Formen werden mit neuem Sinn erfüllt. Amenemhât I. kehrt zur traditionellen Gestalt des Königsgrabes zurück und errichtet bei seiner Residenz eine Pyramide; davor entsteht ein mit kannelierten Säulen geschmückter Totentempel, dessen Reliefs u. a. wieder Zeremonien des königlichen Erneuerungsfestes darstellen. In der Nähe liegen, ebenfalls mit Reliefs ausgeschmückt, die Gräber seiner hohen Beamten, welche die Mastabaform des Alten Reiches neu beleben. In ihrer technischen Ausführung sind die Pyramiden des Mittleren Reiches allerdings bescheidener und weniger dauerhaft als die des Alten Reiches; um ein Skelett von Steinmauern, die sich nach Möglichkeit an einen stehengelassenen Felskern anlehnen und deren Zwischenräume mit Sand und Geröll ausgefüllt sind, legen sich viele Schichten von Nilschlammziegeln, wie man sie zum Bau von Häusern und Umfassungsmauern verwendet hat. Eine äußere Steinverkleidung, bekrönt von einer mit Inschriften versehenen Spitze, verbarg ursprünglich die Ziegelschichten, ist aber heute nicht mehr erhalten; nur der Gunst des Klimas verdankt der vergängliche Nilschlamm eine so lange Erhaltung.

Theben bleibt zwar Mittelpunkt der Amun-Verehrung, verliert aber während der 12. Dynastie an politischer Bedeutung. Nur noch wenige Angehörige des königlichen Hofstaates und der Beamtenschaft lassen sich jetzt in der thebanischen Totenstadt auf dem Westufer beisetzen. Auf dem Ostufer wird jedoch eifrig am Amuntempel beim heutigen Dorfe Karnak gebaut; Amenemhât I. stiftet dorthin Statuen und einen granitenen Altar. Auch Memphis erfreut sich der Aufmerksamkeit des Königs; sein Schöpfergott Ptah, der im Alten Reich noch wenig hervortritt, gewinnt jetzt im ganzen Lande wachsenden Einfluß, der sich z. B. an den Stelen aus Abydos ablesen läßt. So bildet sich mit Amun, Re und Ptah schon jetzt eine führende Götterkonstellation heraus, die das Neue Reich im Leidener Amunhymnus zur Trinität verdichtet. Osiris nimmt daneben, als bleibender Mittelpunkt des Jenseitsglaubens, eine Sonderstellung ein.

Trotz der Einigung des Landes können die Gaufürsten ihre Macht zunächst ungeschmälert erhalten und sogar als zusätzliches, eigentlich dem König vorbehaltenes Privileg eine Datierung nach eigenen Regierungsjahren einführen. Feudalismus, Bürgertum und Privatbesitz überdauern damit die Erste Zwischenzeit. Amenemhât I. beläßt die ihm ergebenen Gaufürstenfamilien in Amt und Besitz, in anderen Gauen setzt er neue „Dynastien" ein. Unter den ersten Königen der 12. Dynastie treten vor allem die Fürsten von Hermopolis und von Elephantine hervor; die einen sind für die begehrten Alabasterbrüche von Hatnub, die anderen für das nubische Gebiet und seine Erzeugnisse zuständig.

Wahrscheinlich beginnt schon Amenemhât I. mit dem Bau der Festung Buhen am 2. Katarakt, deren erstaunliche Befestigungsanlagen während der 50er Jahre freigelegt wurden. Die 9 m hohen und 5 m dicken Wälle sind mit einem komplizierten System von Schießscharten mit optimaler „Feuerkraft“ versehen und wurden im Neuen Reich noch durch Bastionen verstärkt; ein breiter Graben erleichterte die Verteidigung. Eine Zeitlang glaubte man, aus der Mittleren-Reich-Schicht von Buhen das älteste Pferdeskelett Ägyptens zu besitzen, datiert den Fund inzwischen jedoch in den Anfang des Neuen Reiches. Die mächtige Festungsanlage von Buhen steht am Anfang einer bewußten ägyptischen Kolonialpolitik. Im Alten Reich hatten Expeditionen von Stützpunkten auf ägyptischem Boden aus Unternubien (Wawat) durchzogen; nun sichert eine Kette befestigter Stützpunkte den dauernden Besitz dieses Gebietes und damit den ungehinderten Zugang zu seinen Steinbrüchen und Goldminen. Von bewaffnetem Widerstand der Nubier gegen diese ägyptische Besitznahme ihres Gebietes hören wir nur selten; so bewahrt eine Inschrift bei Korosko aus dem vorletzten Regierungsjahr des Königs die Erinnerung an eine militärische Expedition gegen Wawat.

Im Norden erstrebt Amenemhât I. die Sicherung der offenen Grenzen gegen Asien und Libyen. Am Ostrand des Deltas erbaut er die sogenannte „Fürstenmauer“, ein System von Befestigungsanlagen, das die wenigen Durchlässe zur Sinai-Halbinsel sichern und damit die Streifzüge der asiatischen Beduinen unter Kontrolle bringen soll; sie müssen nun „wieder um Wasser bitten, wenn sie ihr Vieh tränken wollen“ (Neferti). Das Sinaigebiet mit seinen Kupfer- und Türkis-Vorkommen wird unter Kontrolle gebracht, doch ist für die asiatischen Gebiete keine ausgreifende Kolonialpolitik wie für Nubien geplant, zumal die Handelswege nach Syrien vorwiegend über See verlaufen. Schwierig blieb die Sicherung der Nordwestgrenze gegen die kriegerischen libyschen Stämme; hier war ein fortlaufendes System von Befestigungen wie im Ostdelta schwieriger zu verwirklichen, und der bedrohte Westrand des Deltas mußte daher durch häufige militärische Expeditionen gesichert werden. Wie die Sinuhe-Erzählung berichtet, befand sich beim Tode des

Königs der Thronfolger und Mitregent Sesostris gerade auf einem solchen Kriegszug in der Nähe des Wâdi Natrûn, doch hatte dieses Unternehmen auch die rituelle Aufgabe, dem geplanten Erneuerungsfest des alten Königs wertvolle Viehherden zuzuführen.

Amenemhât I. hatte 1971 v. Chr. seinen Sohn Sesostris zum Mitregenten erhoben und führte nun über neun Jahre lang die Regierungsgeschäfte mit ihm gemeinsam. Dieses System, den Nachfolger schon zu Lebzeiten zur Mitregierung zu berufen, haben auch die übrigen Könige der 12. Dynastie befolgt; es sicherte dem Geschlecht besondere Kontinuität und schenkte ihm eine ungewöhnliche Anzahl bedeutender Herrscher. Eine Harîmsverschwörung hat allerdings die Pläne des Königs bedroht. Während der Mitregent sich auf einem Libyerfeldzug fern von der Residenz befindet, suchen die Verschwörer den alten König zu beseitigen, um einem anderen Prinzen auf den Thron zu helfen. Um den König auf einem Tiefstand seiner wirksamen Kräfte zu treffen, wählen sie dafür die Zeit unmittelbar vor dem geplanten Erneuerungsfest (Sedfest), das die Kräfte des gealterten Königs für eine neue Regierungsperiode auffrischen sollte. Das nächtliche Attentat auf den König ist offenbar gelungen, aber die rasche Reaktion des rechtmäßigen Thronfolgers durchkreuzte die weiteren Pläne der Verschwörer.

Über die Vorgänge beim Thronwechsel gewähren uns zwei bedeutende Literaturwerke einen ungewöhnlich tiefen Einblick, obgleich ein Rest an ungelösten Fragen bleibt. Die kurz „Sinuhe“ genannte Abenteuergeschichte ist als Autobiographie einem Harîmsbeamten namens Sinuhe in den Mund gelegt; vieles spricht dafür, daß sie nicht die Lebensbeschreibung einer geschichtlichen Persönlichkeit ist, sondern eine politische Schrift, die im Auftrage der herrschenden Dynastie verfaßt worden ist. Sie setzt mit dem genau datierten Tode des Königs ein und schildert dann die schnellen Reaktionen des Thronfolgers und des Helden der Erzählung: der eine eilt zur Residenz, um die Regierungsgewalt zu übernehmen, der andere scheut die kommenden Auseinandersetzungen und verläßt heimlich das Heer, um einen komplizierten Fluchtweg einzuschlagen, der bei einem Beduinenstamm Palästinas endet. Dort führt er viele Jahre lang hochgeachtet das Leben eines Beduinenscheichs, gründet eine Familie und besteht manche Abenteuer. Die Schilderung der Lebensverhältnisse im Palästina des 20. Jahrhunderts v. Chr. ist kein Augenzeugenbericht, sondern spiegelt die Vorstellungen des damaligen Ägypters über Asien und seine Bewohner. Trotzdem haben bereits die Ägypter des Neuen Reiches in dieser lebendigen Schilderung den Hauptreiz der Erzählung erkannt; kaum ein anderes ägyptisches Literaturwerk ist in so vielen Abschriften überliefert worden. Den gedanklichen und politischen Kern des Werkes bildet jedoch sein Schluß, der ein Amnestieangebot des neuen Königs enthält und die glückliche Heimkehr Sinuhes aus dem Exil an den Königshof schildert.

Das andere literarisch-politische Dokument ist eine „Lehre", die der Schreiber Cheti für Sesostris I. verfaßt hat; vom gleichen Autor stammt eine weitverbreitete „Satire der Berufe" zum Lobe des Schreiberstandes, die im Neuen Reich zur Standardlektüre der Schreiberschulen gehört hat. Seine ungleich bedeutendere „Lehre des Königs Amenemhât" wird fiktiv vom ermordeten König seinem Sohne zum Zwecke der „Wahrheitsfindung" verkündet; in Wirklichkeit ist sie eine Regierungserklärung Sesostris' I., die uns tiefen Einblick in die gewandelte Auffassung vom Königtum und seiner Rolle in der Welt gestattet. Diese Rolle ist immer noch göttlich, aber sie lastet als verantwortungsvolle Bürde auf der menschlichen Person des Königs. Für das Königsamt gilt nun, was wenig später vom Amte des Wesirs gesagt wird: „nicht süß, sondern bitter". Seit seinem Versagen am Ende des Alten Reiches wird das ägyptische Königtum nicht mehr vom natürlichen Vertrauen der Menschen getragen. Die Zeit einer patriarchalischen Gemeinschaft ist vorüber, Mißtrauen, Wachsamkeit und Bewährung werden vom König verlangt. Allein auf sich selbst gestellt, muß er das Königtum durch Taten rechtfertigen, die Menschenmaß übersteigen. Das verleiht ihm den heroischen Zug, der die Könige des Mittleren Reiches auszeichnet und in der späten Sage von „Sesostris“ fortlebt. Übermenschliche Anspannung, Tatkraft und Einsicht sind gefordert, um die vergängliche Weltordnung vor einem abermaligen Zurückgleiten ins Chaos zu bewahren; übermenschlich sind auch die Verantwortung des Königs und die Einsamkeit seiner Entschlüsse. So nimmt die „Lehre des Königs Amenemhât“ in literarischer Gestaltung vorweg, was die späte Königsplastik der 12. Dynastie in steinernen Linien ausdrückt: das Königtum als gesteigertes, reifes, durch viele Prüfungen hindurchgegangenes und um viele Abgründe wissendes Menschentum.

Sesostris I. (1971—1926) residiert wie sein Vater bei El-Lischt. Dort empfängt er den heimkehrenden Sinuhe, dort errichtet er während seiner Alleinherrschaft eine Grabstätte, deren Kultanlagen sich an Vorbildern des Alten Reiches orientieren, vor allem an Phiops II. Neu sind die lebensgroßen Osirispfeiler, die den Aufweg säumen; seine Wände aber sind nach dem Vorbild des Unas-Aufweges ausgeschmückt, sogar die Giraffe als Teil des nubischen Tributs kommt schon bei Unas vor. Unter den Fremdvölkern begegnet in den Reliefs des Totentempels ein Puntbewohner, doch mag auch er sein Vorbild im Alten Reich haben. Die technisch vollendeten Statuen und Reliefs, welche die Künstler Sesostris' I. schaffen, lassen vergessen, daß es jemals den tiefen Bruch der Ersten Zwischenzeit gegeben hat, obgleich sie in ihrer kühlen Distanz von einem neuen Weltgefühl zeugen.

Es ist nicht nur die Zufälligkeit der Erhaltung, die den Götterkult im Mittleren Reich ungleich stärker hervortreten läßt als in früheren Zeiten. Im Umsturz der Ersten Zwischenzeit hatte sich, auftauchenden Zweifeln zum Trotz, die Götterwelt als ruhender Pol des Weltgeschehens bewährt. Sie bietet dem Menschen Trost und Zuflucht, wenn irdische Institutionen versagen, und selbst das Königtum sieht sich nun darauf angewiesen, die Übereinstimmung seines Wirkens mit göttlichen „Weisungen“ zu betonen. Die kultische Fürsorge Sesostris' I. gilt allen bedeutenden Göttern des Landes, als Bauherr wird er erst von den großen Königen der 18. Dynastie wieder übertroffen. Schon während seiner Mitregentschaft läßt er in Karnak und Heliopolis bedeutende Bauten errichten. Eine zierliche Stationskapelle für die Amunbarke in Karnak, die aus verbauten Blöcken wiederhergestellt werden konnte, hebt sich durch die edlen Formen ihres Reliefschmucks aus der Grobheit ramessidischer Massenware heraus. In Heliopolis, dem Kultzentrum des Sonnengottes, wird der große Tempel gründlich erneuert und zur Feier des königlichen Sedfestes (vgl. S. 12) mit zwei Granit-Obelisken ausgestattet. Das kultische Drama, das zum Ritual dieses Erneuerungsfestes Sesostris' I. gehört, ist im „Dramatischen Ramesseumpapyrus" bewahrt. Im Fajûm (vgl. S. 58) kündet der Granitpfeiler von Abgîg vom erwachenden Interesse für diese fruchtbare Landschaft. Vom Baueifer des Königs profitiert auch Abydos, das als Wallfahrtsort geradezu ein „Mekka" dieser Zeit ist. Hier werden, seit der 11. Dynastie greifbar, alljährlich die großen „Mysterien" des Osiris gefeiert, die in Form eines dramatischen Kultspieles den Mythos um Tod und Wiederaufleben des Gottes aktualisieren. Um dauernd an der Heiligkeit des Ortes teilzuhaben, suchte der Ägypter sich durch einen Denkstein an der Prozessionsstraße ewige Gegenwart zu sichern; im Laufe des Mittleren Reiches wurden Tausende solcher Stelen in Abydos aufgestellt. Einem ähnlichen Ziel dient die jetzt verbreitete Sitte, Tempelstatuen von Königen und Beamten aufzustellen; die meisten Privatstatuen des Mittleren Reiches kommen nicht mehr aus Gräbern, sondern aus Göttertempeln, wo sie nicht nur an der Heiligkeit des Ortes, sondern auch konkret an der kultischen Versorgung teilhaben sollten.

An der Südgrenze Ägyptens setzt Sesostris I. die aktive Außenpolitik erfolgreich fort und vollendet die Kolonisierung Nubiens. Als königliche Beauftragte sind hier vor allem der Gaufürst Sarenput von Elephantine, aber auch mittelägyptische Fürsten tätig, wie Ameni vom Antilopengau und Hapdjefai von Siût, dessen Verträge mit seinen Totenpriestern eine frühe und wichtige juristische Quelle bilden. Der Zugang zu den Goldminen des Wâdi el-Allâki wird durch starke Festungen in Kubân und Anîba gesichert. Über Buhen am 2. Katarakt, wo sich Stelen des Königs gefunden haben, reicht der ägyptische Einfluß bereits weit nach Süden, bis zum Handelszentrum Kerma südlich des 3. Kataraktes; er durchdringt damit das jetzt erstmals erwähnte Gebiet von Kusch (Obernubien). Häuptlinge, die sich dem ägyptischen Vordringen widersetzen oder die Karawanenwege Nubiens und Asiens bedrohen, werden in den „Ächtungstexten" magisch ausgeschaltet, indem man Statuetten oder Töpfe, die mit ihren Namen beschrieben sind, rituell zerbricht. So reicht die Skala der politischen Mittel von literarischer Propaganda bis zur aktiven Magie. Als eigentlicher Begründer der ägyptischen Herrschaft über Nubien genießt Sesostris I. in diesem Gebiet göttliche Verehrung, solange es unter ägyptischem Einfluß steht; im Neuen Reich ist auch im Gebiet seiner Residenz bei El-Lischt ein Kult für ihn nachzuweisen.

In den befriedeten Wüstenzonen beiderseits des Niltales ziehen Expeditionen zu den Goldbergwerken, Steinbrüchen und zu den fernen Oasen. Ihre Führer und begleitenden Schreiber haben oftmals aufschlußreiche Inschriften über Umfang, Zweck und Verlauf solcher Expeditionen hinterlassen. So erfahren wir, daß der königliche Herold Ameni im 38. Jahr Sesostris' I. (1934 v. Chr.) an der Spitze eines 17 000 Mann zählenden Expeditionsheeres in die Ostwüste zieht, um 60 Sphingen und 150 Statuen für die Bauten des Königs zu beschaffen; die Versorgung einer so riesigen Menschenmenge im unbewohnten und unwegsamen Wüstengelände war eine lohnende, vorzüglich gelöste Aufgabe für das Organisationstalent der ägyptischen Beamtenschaft, und wir können der erwähnten Inschrift die genaue Höhe der nach Rangstufen gestaffelten Rationen für die Expeditionsteilnehmer entnehmen. Als Lasttiere wurden, da das Kamel noch unbekannt war, Esel verwendet; unter Amenemhât II. werden über tausend Esel einem Zug zu den Dioritbrüchen von Toschka zugeteilt. Doch haben normale Expeditionen zweifellos einen geringeren Umfang gehabt und selten die Stärke von 1000 Mann überschritten.

Drei Jahre vor seinem Tode hat Sesostris I. seinen Sohn Amenemhât II. (1929—1892 v. Chr.) zum Mitregenten eingesetzt, so daß ein reibungsloser Thronwechsel gesichert war und dieses Mal offenbar durch keine Verschwörung bedroht wurde. Der neue König hat als Prinz, zusammen mit seinem Namensvetter Ameni vom Antilopengau, an einem Nubienzug teilgenommen, zeigt aber als König keinen militärischen Ehrgeiz. Eine Inspektion der „Festungen von Wawat", die einer seiner Beamten durchführt, läßt jedoch die Wachsamkeit des Königs an den erreichten Grenzen erkennen. Der friedliche Zustand, der unter ihm und seinem Nachfolger ein halbes Jahrhundert lang andauert, beruht nicht auf einer außenpolitischen Schwäche Ägyptens, sondern auf der Stärke seiner Position, die es in Nubien wie in Asien unter Sesostris I. erlangt hat.

In einer solchen Zeit blühen Handel und Verkehr, und gerade die Regierung Amenemhâts II. bietet eindrucksvolle Beispiele für die Ausdehnung des damaligen Welthandels. Über das Weihrauchland Punt an der Somaliküste werden nun wieder regelmäßig Erzeugnisse Innerafrikas importiert. Bedeutsamer sind für beide Partner die wirtschaftlichen Beziehungen zu Asien. Der berühmte „Schatz von Tôd" bewahrt eine Handelssendung dieser Zeit aus Syrien. Vier kupferne Kisten, die in den Fundamenten des Month-Tempels von Tôd (bei Theben) gefunden wurden, enthielten Edelmetalle und Halbedelsteine, die teils als Rohmaterial, teils verarbeitet eingeführt wurden; Ägypten war vor allem für Silber und Lapislazuli auf asiatische Einfuhren angewiesen. Mit kretischen und babylonischen Kunstwerken gelangten im „Schatz von Tôd" auch babylonische Rollsiegel der 3. Dynastie von Ur (2050—1950) nach Ägypten. Andererseits sind ägyptische Kunstwerke des Mittleren Reiches in Byblos, Ugarit, Kleinasien und auf Kreta entdeckt worden, und minoische Keramik (Kamares-Ware) trat in Gräbern und Wohnhäusern der späten 12. Dynastie zutage. Wie der Handel auch die Kunst anregen konnte, zeigt die Übernahme kretischer Ornamente (Spirale, Flechtband) durch ägyptische Künstler. Schließlich kann man in dieser Zeit, anders als im Alten Reich, mit einem regen Sklavenhandel rechnen; kriegerische Unternehmungen reichen nicht aus, um die ständig wachsende Zahl asiatischer Sklaven in Ägypten zu erklären.

Amenemhât II. errichtet seine Grabanlage östlich der Snofru-Pyramiden von Dahschûr und damit in größerer Nähe der alten Metropole Memphis; wahrscheinlich hat er damit auch die Residenz von El-Lischt vorübergehend aufgegeben. Nach seinem Tode wird sein Sohn Sesostris II. (1897—1878), seit einigen Jahren bereits Mitregent, Alleinherrscher. Mit ihm tritt an die Stelle Nubiens ein anderes, innerhalb Ägyptens gelegenes Gebiet in den Mittelpunkt des Interesses: das Fajûm. Diese größte Oase Ägyptens liegt in einer Senke der Libyschen Wüste, die damals zum größten Teil von einem riesigen See eingenommen wurde, dem Moirissee der antiken Schriftsteller. Der heute Birket Karûn genannte, abflußlose See bedeckt nur noch einen Teil der ursprünglichen Fläche; sein Wasserspiegel liegt jetzt 44 m unter dem Meere. Vom Niltal her führt ein Zufluß (Bahr Jûsuf) in der Überschwemmungszeit gewaltige Wassermassen heran, die durch Damm- und Kanalbauten Sesostris' II. und seiner Nachfolger reguliert und damit einer regelmäßigen Bewässerung nutzbar gemacht wurden. Wie es scheint, wurde durch Schutzdämme auch ein Teil der Seefläche trockengelegt und der Landwirtschaft gewonnen. So verwandelte sich die wenig bedeutende Sumpf- und Seelandschaft während der 12. Dynastie in eine der fruchtbarsten Provinzen Ägyptens. Ihr Hauptgott, der krokodilgestaltige Sobek (Suchos), ist bereits in Personennamen der frühen 12. Dynastie beliebt und erhält nun eine Reihe neuer Kultstätten. An der Durchbruchsstelle des Bahr Jûsuf durch die Randberge der Libyschen Wüste, beim heutigen Dorfe Illahûn, legt Sesostris II. in beherrschender Lage sein Pyramidengrab an. In der Nähe entstand eine Siedlung für Beamte, Priester und Handwerker, deren ausgegrabene Reste zu den wenigen erhaltenen Stadtanlagen Ägyptens gehören. Die dort gefundenen Kahun-Papyri gewähren wichtigen Einblick in das religiöse und wirtschaftliche Leben jener Zeit, sind aber erst zu einem kleinen Teil veröffentlicht und ausgewertet; daß die Chronologie des

Mittleren Reiches aufs Jahr genau feststeht, verdanken wir dem „Sothisdatum“ (Termin für einen Frühaufgang des Sirius) auf einem dieser Papyrusfragmente. Eng zusammengeschachtelt, enthielt die Siedlung einst über hundert Häuser, von denen selbst die kleineren, für Handwerker und niedere Priestergrade bestimmt, immerhin 4 bis 6 Räume umfassen und 95 bis 169 m^2 bedecken, also auch einer größeren Familie reichlich Platz geboten haben.

Im Schutze der starken Befestigungsanlagen an der Nord- und Südgrenze ist die Regierung Sesostris' II. eine friedliche Zeit. Innenpolitisch tritt das Gaufürstentum immer noch stark hervor. So läßt Thothotep II., Herr des „Hasengaues“ von Hermopolis, in den Alabasterbrüchen von Hatnub, die in seinem Amtsbereich liegen, eine Kolossalstatue für sich selbst anfertigen und ihren Transport vom Steinbruch zu seiner Residenz in seinem Felsgrab verewigen. Die Statue ist verloren, aber Fragmente von einer Statuette desselben Fürsten und von weiteren Statuetten dieser Zeit wurden in Megiddo in Palästina gefunden und zeigen, daß die Gaufürsten, wie früher schon, auch außerhalb ihres Amtsbereiches als königliche Beauftragte tätig sind. Im Gräberberg von Beni Hassan enthält das Grab eines anderen Gaufürsten dieser Zeit, Chnumhoteps II. vom Antilopengau, die berühmte Semiten-Darstellung des handeltreibenden Beduinenscheichs Abischai und seiner bewaffneten Eselkarawane.

In der ersten Hälfte des 19. Jahrhunderts v. Chr. scheint sich eine entscheidende Wandlung im ägyptischen Jenseitsglauben zu vollziehen, eine definitive Verlagerung der Akzente vom himmlischen auf das unterirdische Totenreich. Sesostris II. gibt die bisher übliche Orientierung der Pyramideneingänge nach Norden, auf die Region der Zirkumpolarsterne, auf und ersetzt die gerade Achse des Grabes durch eine mehrfach gekrümmte, als Spiegelung der Unterweltswege. Zugleich wird der Skarabäus-Käfer, bedeutungsvolles Zeichen für die erhoffte Regeneration in den Tiefen der Unterwelt, zur weitaus beliebtesten Amulettform; auch die nun so häufige Statuenform des „Würfelhockers“

deutet sehr wahrscheinlich auf das erhoffte Wiederaufleben im unterweltlichen Jenseits.

In seinem 20. Jahr, nach einer für die stabilen Verhältnisse der 12. Dynastie kurzen Regierung, stirbt Sesostris II. Erst kurze Zeit vorher hatte er, wie es scheint, an die Erhebung eines Mitregenten gedacht, der nun als Sesostris III. (1878—1841 v. Chr.) den Thron besteigt und nach der friedlichen Ruhe zweier Generationen eine neue Zeit innen- wie außenpolitischer Bewegung einleitet. Die Selbstherrlichkeit der Gaufürsten, die mit der Kolossalstatue Thothoteps II. und mit der eigenen Jahreszählung an königliche Privilegien gerührt hatte, muß sich dem autoritären Willen des neuen Königs beugen. Mit der Regierung Sesostris' III. bricht, von ganz wenigen Ausnahmen abgesehen, überall im Lande die Tradition der Gaufürstenfamilien und ihrer Felsgräber ab; die mächtigen „Dynastien" in Elephantine, im Hasen- und im Antilopengau werden ihrer ererbten Macht entkleidet und verschwinden aus der ägyptischen Geschichte. In Zukunft werden die Gaue zentral von drei besonderen Büros der Residenz verwaltet. Welche Widerstände diese durchgreifende Verwaltungsreform zu überwinden hatte, können wir nur ahnen. Es bedurfte einer so starken Herrscherpersönlichkeit wie der Sesostris' III., um sie konsequent und erfolgreich zu Ende zu bringen. Ablesen läßt sich der Erfolg an einer deutlichen Stärkung des Königtums, aber auch an einem stärkeren Hervortreten der mittleren und unteren Beamtenschicht.

Wenn Sesostris III. vor seinen Zeitgenossen und vor der Nachwelt als eine der bedeutendsten Herrschergestalten Ägyptens dasteht, so verdankt er diesen Ruhm nicht zuletzt seiner energischen Außenpolitik, die Ägyptens Weltgeltung auf einen neuen Höhepunkt geführt hat. In Nubien stärkte er die ägyptische Stellung am 2. Katarakt und sicherte sie durch ein befestigtes Vorfeld von 50 km Tiefe gegen Süden. Um eine bessere und schnellere Versorgung der nubischen Grenzfestungen zu ermöglichen, ließ er 1871 v. Chr. einen Kanal durch die

Granitbarriere des 1. Kataraktes schlagen, der mit 8 m Tiefe auch größeren Versorgungsschiffen die Durchfahrt gewährte. Zu den vorhandenen Festungen am 2. Katarakt tritt nun Mirgissa, bereits südlich der Stromschnellen, dazu im Vorfeld die wichtige Doppelfestung Semna/Kumma. Hier wurde im 8. Jahr des Königs (1871) und ein zweites Mal im 16. Jahr (1863) mit der Errichtung von Grenzstelen feierlich die neue Südgrenze Ägyptens proklamiert. Kein Nubier sollte sie ohne genaue Grenzkontrolle zu Wasser oder zu Lande nach Norden überschreiten, und mit einer doppelten Fluch- und Segensformel empfiehlt sie der König seinen Nachfolgern zur Bewahrung. Im 16. Jahr wurde eine Statue des Königs in Semna aufgestellt, um die fortwährende Gegenwart des Königtums als Wächter des Reiches zu garantieren; zugleich erfahren wir die Errichtung einer weiteren Festung auf der nahe gelegenen Nilinsel Uronarti. Eine Inschrift in der neuen Festung meldet für das 19. Jahr (1860) einen Kriegszug gegen das Land Kusch, der durch Niedrigwasser zum Stehen gebracht wird. Bis zum Ende der 18. Dynastie wird Sesostris III. in Nubien als Gott verehrt, Thutmosis III. erbaut ihm in Semna einen Tempel.

Am anderen Ende des Reiches, in Palästina, griff Sesostris III. ebenfalls weiter aus als irgendeiner seiner Vorgänger. Militärische Stützpunkte sicherten die Handelswege im südlichen Palästina, und eine kleine ägyptische Truppenabteilung erreicht sogar die Stadt Sichem in der Gegend von Samaria. Eine neue Serie von „Ächtungstexten“ (vgl. S. 56) nennt u. a. Jerusalem und zeigt den weiten geographischen Horizont der Ägypter in diesem Gebiet. Weiter nördlich, im syrisch-libanesischen Raum, bleibt Byblos Ausstrahlungspunkt des ägyptischen Einflusses; sein Fürst trägt eine Titulatur, die ihn als ägyptischen Verwaltungsbeamten ausweist und von den „Häuptlingen“ der anderen asiatischen Städte und Stämme abhebt. Schrift und Kalender Ägyptens werden in Byblos benutzt, dazu ägyptische Gottheiten verehrt, und der Name byblitischer Fürsten erscheint sogar auf Skarabäen.

Einzig als Bauherr tritt Sesostris III. hinter seinen Vorgängern und seinem Nachfolger zurück. Im Ostdelta vergrößert er einen Tempel Amenemhâts I. bei Kantîr, in unmittelbarer Nähe der späteren Hyksos- und Ramessiden-Residenz. In Medamûd bei Karnak erbaut er einen Tempel zu Ehren des Kriegsgottes Month. Für seine Pyramide wählt er, wie sein Großvater Amenemhât II., die Nähe der Snofru-Pyramiden von Dahschûr. Künstlerisch bedeutend ist seine Zeit vor allem durch die ausdrucksvolle Königsplastik, die zum ersten Mal persönlich geprägte Altersbildnisse hervorbringt und der bisherigen, von seiner zeitlos-erhabenen Götterrolle geprägten Auffassung vom Königtum sehr menschliche, individuelle Züge verleiht. Es ist sicher kein Zufall, daß die neue Auffassung fast zugleich mit dem tiefgreifenden Wandel im Jenseitsglauben hervortritt; sogleich wieder zum Typus verdichtet, wirkt sie über das Ende der 12. Dynastie hinaus.

Sein Sohn und Mitregent Amenemhât III. (1844—1797 v. Chr.) steht seinem Vater an Bedeutung kaum nach. Außen- wie innenpolitisch bewahrt der neue König das Erreichte. In der Doppelfestung Semna/Kumma wird die Südgrenze, die Sesostris III. festgelegt hatte, aufmerksam beobachtet; Tagebücher der Grenzkontrolle, in den sogenannten „Semnah-Despatches“ erhalten, registrieren sorgsam Ein- und Ausreise. Weiter südlich reicht der ägyptische Einfluß immer noch über den 3. Katarakt hinaus bis zum Handelsplatz Kerma. Die Stützpunkte in Südpalästina sorgen für ungestörte Arbeit in den Kupferminen und Türkisbrüchen des Sinai, wo die Beamten Amenemhâts III. zahllose Inschriften hinterlassen haben. Der Expeditionsleiter Horwerrê berichtet anschaulich, wie er in glühender Sommerhitze die öden Felstäler durchzogen hat, ohne einen Verlust unter seinen Leuten beklagen zu müssen.

Drängende Aufgaben anderer Natur hatten unter Sesostris III. die Arbeiten im Fajûm zurücktreten lassen. Amenemhât III. nimmt nun das Kolonisationswerk seines Großvaters wieder auf und krönt es durch ein großzügiges Bauprogramm. In Schedet (Krokodilopolis), dem heutigen Medinet el-Fajûm, hat der König für Sobek, den Hauptgott der neugewonnenen Provinz, eine große Halle aus Granitsäulen errichtet, in Medinet Maâdi einen kleinen Tempel für die schlangengestaltige Erntegöttin Renenutet, die das neue, dem See abgerungene Land so sichtbar gesegnet hatte. Am neuen Seeufer, bei Biahmu unweit der Hauptstadt, verkörperten zwei Kolossalstatuen die ständige Gegenwart des Königs. Auf der Südseite der Pyramide von Hawâra, am Nordostrand der Senke, liegen unter vielfach durchwühlten Schutt- und Scherbenhügeln die Reste seines Totentempels, dessen gewaltige Anlage aus vielen Höfen, Hallen und Kammern Herodot (II 148) und andere antike Schriftsteller als „Labyrinth" beschreiben. Ganz in der Nähe, unter einer kleinen Ziegelpyramide, kam das reiche Begräbnis der Nofruptah, einer Tochter des Königs, zum Vorschein. So spricht die größere Wahrscheinlichkeit dafür, daß auch Amenemhât III. nicht in der „Schwarzen Pyramide" von Dahschûr, sondern hier im Fajûm bestattet wurde, wo ihn noch die griechisch-römische Zeit als Schutzgott der Seelandschaft verehrt hat.

Die Erschließung des Fajûm ist die letzte große Leistung der 12. Dynastie gewesen. Sechs Generationen lang hat dieses Heroengeschlecht fähige und bedeutende Herrschergestalten hervorgebracht, aber mit dem Tode Amenemhâts III. versiegt seine schöpferische Kraft. Amenemhât IV. (1798—1789 v. Chr.) bleibt, gemessen an seinen überragenden Vorgängern, eine farblose Persönlichkeit, doch mag auch die Kürze seiner Regierung zu diesem Eindruck beitragen. Der Bestand des Reiches bleibt trotz der beginnenden Schwäche voll gewahrt. An der Südgrenze beim 2. Katarakt wird Jahr für Jahr der Nilstand registriert, im Norden hat sich in Beirût ein Diorit-Sphinx des Königs gefunden, die Türkis- und Kupferminen des Sinai werden mit unverminderter Intensität ausgebeutet. Wo der letzte König dieser ruhmreichen Dynastie bestattet ist, konnte noch nicht geklärt werden. Offenbar hat ihm ein männlicher Erbe gefehlt, denn nach dem Tode Amenemhâts IV. nimmt seine Schwester Sobeknofru (1789—1785) die Titulatur eines regierenden Königs an, um knapp vier Jahre lang über das Land zu herrschen. Im Gegensatz zur geschichtlich nicht belegten „Nitokris“ am Ende der 6. Dynastie hat ihre kurze Regierungszeit vom Delta bis zum 2. Katarakt viele greifbare Spuren hinterlassen.

Mit dieser ersten Frau auf dem Pharaonenthron geht eine Dynastie zu Ende, die Ägypten politisch und wirtschaftlich auf eine vorher nicht erreichte Höhe geführt hat. Geistig zehrt das Mittlere Reich vielfach von den Grundlagen, welche das Alte Reich und die stürmische Erste Zwischenzeit gelegt haben, doch darf man seine eigene Leistung nicht unterschätzen. Die bildende Kunst gibt einem neuen, differenzierteren Bilde vom Menschen, und insbesondere vom Herrscher, vollendeten Ausdruck. Die Literaturblüte der Ersten Zwischenzeit setzt sich noch lange fort und bringt eine Reihe von „klassischen“ Werken hervor, wie den „Sinuhe“ (oben S. 52 f.) oder die Kemit, eine „Summa“ des damaligen Schulwissens; von der zweifellos reichen, volkstümlichen Erzählungs- und Märchenliteratur haben sich leider nur bescheidene Bruchstücke erhalten (Märchen vom „Schiffbrüchigen“, Papyrus Westcar). Kunstvolle Hymnen auf Götter und Könige legen Grundlagen für die große Hymnendichtung des Neuen Reiches. In der Theologie und Philosophie des Mittleren Reiches, die noch kaum untersucht sind, scheinen die Zweifel und Auseinandersetzungen der Umsturzzeit zum fruchtbaren Überdenken vieler Probleme und zu neuen Formulierungen geführt zu haben. Deutlicher als im Alten Reich läßt sich nun die ägyptische Wissenschaft greifen, die in der Medizin und in der Mathematik beachtliche Leistungen aufweisen kann. Die Mathematik, im Pyramidenbau und in der Feldmeßkunst praktisch geschult, bleibt stets auf eine praktische Verwendung zugeschnitten und verzichtet darauf, die erkannten Regeln durch theoretische Beweise zu stützen. Praktische Forderungen des Kalenders bestimmen auch die ägyptische Astronomie, für astrologische Spekulationen blieb kein Raum. Die Medizin hat bereits im Alten Reich Spezialistentum und Fachsprache herausgebildet. Der chirurgische Papyrus Edwin Smith enthält vorzügliche

Diagnosen und erkennt das Herz als Mitte des Gefäßsystems; in der Therapie greift der ägyptische Arzt jedoch gern zu magischen Praktiken. Ein Papyrusfragment aus der Pyramidenstadt Sesostris' II. beweist, daß man auch Tierkrankheiten beachtet und untersucht hat. Von der religiösen Literatur sei vor allem auf das „Zweiwegebuch" verwiesen, das erstmals eine genaue, durch Pläne anschaulich gemachte Darstellung des Jenseits gibt und damit die Unterweltsbücher des Neuen Reiches vorbereitet.

Die 13. Dynastie, von Chutauirê Ugaf 1785 v. Chr. begründet, zeigt ein politisches Bild, das bis in Einzelheiten dem Ende des Alten Reiches nach dem Tode Phiops' II. ähnelt: rasch wechselnde Herrscher, deren kurze, selten zwei bis vier Jahre übersteigende Regierungszeiten keine politische Stabilität ermöglichen, Schwächung der Zentralgewalt, Unsicherheit an den Grenzen und Rückgang des kulturellen Niveaus. Die meisten dieser kurzlebigen Könige der 13. Dynastie bleiben für uns bloße Namen, welche spätere Königslisten der Nachwelt überliefern. In ihren Geburtsnamen dominiert Sobek, der Landesgott des Fajûm, der inzwischen im ganzen Reiche Geltung erlangt hat.

Die Macht der Gaufürsten hat Sesostris III. derart nachhaltig zerschlagen, daß jetzt, zwei bis drei Generationen später, die Schwächung der Zentrale zu keinem Wiederaufleben provinzieller Machtgelüste führt. Statt dessen geht die politische Macht in die Hände des Wesirates über, das sich mehrere Generationen lang in einer einflußreichen Familie vererbt; allerdings ist das Amt nun in ein ober- und unterägyptisches Wesirat geteilt.

In Semna, an der von Sesostris III. befestigten Südgrenze des Reiches, werden zu Beginn der neuen Dynastie immer noch die jährlichen Nilstände registriert, und in den nahe gelegenen Festungen Uronarti und Mirgissa haben sich Königs- und Beamtensiegel dieser Zeit gefunden. Danach bricht die Kontinuität jedoch ab, und wir dürfen annehmen, daß die Südgrenze bereits um 1780 v. Chr. von Semna an den 2. Katarakt zurückgenommen wird, wo sie sich auf die starke Festung Buhen stützen kann; wie Brandspuren zeigen, ist auch dieser Stützpunkt wenig später erobert und zerstört worden, und in der späteren 13. Dynastie hat die Südgrenze wieder bei Elephantine gelegen, am Ausgangspunkt der Eroberungen des Mittleren Reiches. In der dortigen Gegend haben auch spätere Könige der Dynastie, wie Neferhotep I. und Sobekhotep III., noch Felsinschriften hinterlassen. Länger konnte Ägypten seine Machtstellung im Norden halten. Unter Neferhotep I. (um 1740/30) gehören Byblos und sein Fürst Jantin-Chammu immer noch zum ägyptischen Einflußgebiet; dieser Fürst ist zugleich ein Zeitgenosse des Zimrilim von Mari und gehört damit kurz vor die Zeit des großen babylonischen Königs Hammurapi. Da sich im reichhaltigen Archiv von Mari jedoch keine Erwähnung Ägyptens findet, scheint der ägyptische Einfluß kaum über das Küstengebiet des Libanon hinaus zu reichen; wenig später haben sich die Ägypter auch von dort zurückgezogen, und in der zweiten Hälfte der Dynastie versiegen ebenso die ägyptischen Funde in Palästina.

Die von Amenemhât I. errichtete Befestigungslinie im Ostdelta wird in der 13. Dynastie durchlässig, und man darf mit einem stetigen Einsickern semitischer Wanderstämme rechnen; diese siedeln sich vor allem im Ostdelta an, wo sie ihren Gott Baal mit dem ägyptischen Seth identifizieren und ihm ein Kultzentrum in der späteren Hyksosresidenz Auaris errichten. Verstärkt werden die semitischen Einwanderer durch eine beträchtliche Zahl von asiatischen Sklaven und Freigelassenen. Ein Papyrus in Brooklyn erwähnt für eine einzige thebanische Familie 95 Sklaven als Besitz, die Mehrzahl von ihnen Asiaten. Aus dieser breiten asiatischen Schicht, die nicht auf das Delta und die untere Bevölkerungsklasse beschränkt ist, steigen schon in der frühen 13. Dynastie einige starke Persönlichkeiten bis zur Königswürde auf, die sie wahrscheinlich als Truppenführer an sich reißen können. Diese semitischen Herrscher, von denen einer Chendjer („Eber"), ein anderer geradezu „Asiat" heißt, errichten wie andere Könige der 13. Dynastie Ziegelpyramiden in Dahschûr und Sakkâra. Daß die bevorzugte Residenz noch bis zum Ende des 18. Jahrhunderts v. Chr. im nahe gelegenen El-Lischt bleibt, kann jetzt nicht mehr bezweifelt werden. Die Könige der 13. Dynastie sorgen für den Totenkult ihrer großen Vorgänger, die dort bestattet sind, treten aber als Bauherren vor allem in Oberägypten in Erscheinung; Manetho bezeichnet diese Dynastie daher als „thebanisch". Aus einem Rechnungsbuch des königlichen Hofes (Papyrus Bulaq 18), welches einen sehr bescheidenen Zuschnitt der Hofhaltung erkennen läßt, geht hervor, daß Sobekhotep III. (um 1750/40) nur zu einem Fest des Gottes Month nach Theben kommt, im übrigen aber in El-Lischt residiert. Als sich die asiatischen Eindringlinge im Delta von der Zentralregierung weitgehend unabhängig machen und zugleich verschiedene Kleinkönige im Delta regieren (Manethos 14. Dynastie in Xois), wird Oberägypten zum letzten Zufluchtsgebiet der 13. Dynastie. Die letzten Könige dieser Dynastie haben nur noch im Raume zwischen Abydos und Assuân Denkmäler hinterlassen.

In der ersten Hälfte des 17. Jahrhunderts v. Chr. erreichen Ausläufer einer Völkerbewegung in Vorderasien, die durch indoarische Wanderungen ausgelöst wurde, das nördliche Ägypten. Ihre Anführer nennen die Ägypter hekau-chasut („Herrscher der Fremdländer"), also mit einem Titel, den man im Mittleren Reich Beduinenhäuptlingen beilegt und den die antiken Schriftsteller mit „Hyksos" wiedergeben. Es hat mit Sicherheit kein „Volk" der Hyksos gegeben, sondern eine dünne, offenbar westsemitische Herrenschicht, die mit Hilfe einer dynamischen Politik und mit neuen, überlegenen Waffen und Kampfmethoden die politische Führung der Stämme Syriens und Palästinas an sich reißt, um später auch das Delta zu überrennen und um 1650 v. Chr. in Auaris eine eigene Dynastie zu begründen. Es ist die erste ägyptische Dynastie, die nur aus Fremdherrschern besteht. Die Hyksoskönige beanspruchen die Herrschaft über ganz Ägypten und wahrscheinlich auch über angrenzende Teile Palästinas, lassen jedoch an einigen Orten, vor allem in Theben, abhängige Unterkönige bestehen. Bei der 16. Dynastie von „kleinen“ Hyksos, die Manetho neben den „großen“ Hyksos der 15. Dynastie zählt, handelt es sich wohl um solche Unterkönige. Die eigentliche Hyksos-Dynastie besteht nur aus sechs Königen, unter denen vor allem Chiân (um 1620/10) hervorragt. Da für Bubastis wie für Gebelên, südlich von Theben, Denkmäler dieses Herrschers bezeugt sind, ist er in ganz Ägypten als Oberherr anerkannt worden.

Darüber hinaus wurden Gegenstände mit dem Namen des Chiân auch in Knossos auf Kreta, in Bagdad und in der Hethiterhauptstadt Boghazköi gefunden; Hyksosfunde reichen bis nach Spanien und Karthago, können jedoch durch Handel oder spätere Verschleppung dorthin gelangt sein und bilden daher keinen Beweis für die Annahme eines „Großreiches“ der Hyksos. Königliche und private Skarabäen der Hyksos-Zeit ließen sich an den meisten Grabungsorten Syriens und Palästinas nachweisen und zeugen für den engen Zusammenhang zwischen Vorderasien und Ägypten in dieser Zeit. In Nubien reichen die Handelsbeziehungen wie im Mittleren Reich bis zur neuen Residenz Kerma, treten an Umfang und Bedeutung aber stark zurück. Inzwischen hat sich an der Südgrenze Ägyptens ein selbständiges nubisches Fürstentum gebildet, das eine lockere Oberhoheit der Hyksoskönige anerkennt. Wie in der Ersten Zwischenzeit stehen nubische Söldner als geschätzte Soldaten in thebanischen Diensten, ihre „Pan Graves“ finden sich bis in die Gegend von Assiût.

Von den nordwestsemitischen Einwanderern im Delta übernehmen die Hyksoskönige die Verehrung des Seth, bilden ihre Thronnamen aber nach pharaonischer Sitte mit dem Namen des Sonnengottes Re. Auch sonst eignen sie sich, wie so viele Eroberer nach ihnen, die überlieferten Formen der ägyptischen Kultur an. Was sie an Neuem bringen, ist wenig, aber technisch und politisch bedeutsam: der von Pferden gezogene Streitwagen, ein wirksamerer, zusammengesetzter Bogen und eine Reihe weiterer Verbesserungen in der Waffentechnik. Die neue Streitwagentruppe revolutionierte die Kriegführung, machte die

Armeen beweglicher und wurde so zum wichtigen Instrument für die Eroberungspolitik des Neuen Reiches. Noch bedeutsamer ist, auf die Dauer gesehen, die enge Verbindung zwischen Ägypten und Vorderasien, welche die Hyksoszeit mit sich brachte; sie durchbricht die geistige Isolierung des Niltales, die seit Menes trotz aller Handelsbeziehungen gewahrt wurde, und schafft stärkere Einflußmöglichkeiten in beiden Richtungen. Den überlegenen Eroberern steht der Ägypter aufgeschlossener gegenüber als den verachteten Beduinenstämmen, die bisher „Asien" und seine Geisteswelt für ihn verkörpert haben. Die wachsende Kenntnis von Religion, Kunst, Literatur, Musik und Lebensart Vorderasiens, d. h. vornehmlich Syriens, führt bald zur Übernahme fremder Formen und Begriffe, regt die schöpferische Phantasie an und bereitet damit die Blütezeit des Neuen Reiches vor.

Gegen 1600 v. Chr. besteigt Apopi, vielleicht als Nachfolger des Chiân, den Hyksosthron in Auaris und wird fast vier Jahrzehnte lang im ganzen Lande als Oberherr anerkannt. Noch in seinem 33. Regierungsjahr kopiert ein thebanischer Schreiber den mathematischen Papyrus Rhind, ohne auf den lokalen „König" Bezug zu nehmen, der für die Hyksos nur als „Häuptling der Südstadt" gilt. Nach dem Ende der 13. Dynastie, die zuletzt nur noch in Oberägypten anerkannt wurde, hatte ein thebanisches Geschlecht die Königstitulatur angenommen und dadurch die 17. Dynastie begründet. Die zahlreichen Könige dieser Dynastie regieren meist nur kurz, treten wenig hervor und haben nur lokale Bedeutung, obgleich ihr Unterkönigtum im Norden zumindest bis Abydos reicht, wo sie als Bauherren auftreten. In ihrer Namensgebung lehnt sich die 17. Dynastie teils an die 13. an (Sobekemsaf), mit der sie vielleicht verwandt ist, teils an die 11. (Antef, Montuhotep), die politisches Vorbild ist. Es herrscht ein bescheidener Lebenszuschnitt, und auch die bildende Kunst ist in dieser Zweiten Zwischenzeit wieder auf provinzielles Niveau zurückgefallen. Dafür pflegen die thebanischen Schreiber eifrig die großen literarischen, religiösen und wissenschaftlichen Werke der früheren Blütezeiten; manche Texte sind uns nur durch Abschriften dieser Zeit überliefert, so der bereits erwähnte mathematische Papyrus Rhind, der chirurgische Papyrus Edwin Smith oder (wohl schon etwas früher anzusetzen) der Papyrus Prisse mit der Weisheitslehre des Ptahhotep und der Lehre für Kagemni.

Der Thebaner Sekenenrê Taâ II., dessen Mutter Tetischeri die Reihe der großen Frauengestalten des Neuen Reiches eröffnet, fühlt sich um 1560 stark genug zur Auflehnung gegen den alten Hyksoskönig Apopi; in den beginnenden Kämpfen, über deren Verlauf und Ausgang nichts bekannt ist, hat er den Tod gefunden, wie die Verletzungen an seiner Mumie zeigen. Sein Sohn Kamose übernimmt ein Herrschaftsgebiet, das bereits vom 1. Katarakt bis nach Kusae nördlich von Assiût reicht, und setzt den Kampf gegen die Hyksos tatkräftig fort. Im Amuntempel von Karnak läßt der König durch seinen Schatzmeister Neschi zwei Denksteine errichten, die eine lebendige und ausführliche Schilderung seines Nordfeldzuges enthalten. Die eine dieser Stelen ist 1954 im Fundament einer Statue Ramses' II. unversehrt zum Vorschein gekommen, nachdem Fragmente und eine Schüler-Abschrift von der ergänzenden Stele mit dem Anfang des Textes schon länger bekannt waren. Damit läßt sich der Verlauf dieses wichtigen Feldzuges der Thebaner jetzt bis in Einzelheiten verfolgen. Am Anfang der Schilderung steht eine Thronsitzung, die zum bereits geprägten Schema der „Königsnovelle" gehört; gegen den Rat seiner Beamten erklärt Kamose feierlich, daß er neben dem Hyksoskönig, „der das Land mit mir teilt" und sich als „Herrscher" bezeichnet, nicht länger ein bloßer „Häuptling" bleiben will. Dem Kampfe geht somit eine formelle Kündigung der früher anerkannten Oberhoheit der Hyksos voraus. An der Spitze einer Flotte von Nilschiffen stößt Kamose dann nach Norden vor und durchbricht mit der Eroberung von Neferusi die starke südliche Riegelstellung der Hyksos im Gau von Hermopolis. Zielstrebig, ohne sich um Memphis und das Fajûm zu kümmern, dringt der Thebanerfürst bis unter die Mauern von Auaris vor; die starken Befestigungen der Hyksosresidenz und die überlegene Streitwagentruppe des Gegners zwingen ihn jedoch zur Umkehr. Da Kamose noch kein eigenes Streitwagenkorps besitzt, läßt er sich in keine größeren Landkämpfe ein, sondern operiert vom Strom aus, wobei sich die im Text hervorgehobenen nubischen Söldner besonders bewähren. Während die Thebaner, weit von ihrer Hauptstadt entfernt, im Norden kämpfen, sucht sie Apopi durch ein Bündnis mit dem Herrscher von Kusch in einen Zweifrontenkrieg zu verwickeln. Sein Bote wird jedoch auf dem Oasenweg abgefangen, und die Kuschiten bleiben neutral. Daß es schon damals feste internationale Spielregeln, auch für den Kriegsfall, gab, zeigt die anschließende Freilassung des sakrosankten Hyksos-Boten.

Wahrscheinlich hat Kamose auch noch einen Feldzug nach Nubien geführt und dabei die im Mittleren Reich so bedeutende Festung Buhen für Ägypten zurückgewonnen. Als er zirka 1552 v. Chr. nach kurzer Regierung stirbt und den Thron seinem Bruder Ahmose hinterläßt, sind die Hyksos zwar noch nicht aus Ägypten vertrieben, aber bis zum Fajûm zurückgeworfen. Dem neuen König, der wohl recht jung auf den Thron gelangt, bleibt es vorbehalten, die Fremdherrschaft im Norden zu beseitigen und damit nach Menes und Montuhotep I. zum dritten Einiger Ägyptens zu werden; mit seiner Regierung lassen wir die 18. Dynastie und die letzte der drei großen Blütezeiten der altägyptischen Kultur beginnen.

DAS NEUE REICH

Ahmose (1552—1527 v. Chr.) findet bei seiner Thronbesteigung eine für ihn günstige Weltsituation vor. Der alte Hyksoskönig Apopi ist in diesen Jahren gestorben; nach ihm sitzt nur ein weiterer Herrscher für kurze Zeit auf dem Thron von Auaris, während die indogermanischen Hethiter unter ihren Königen Hattusilis I. und Mursilis I. von Anatolien aus kräftige Stöße gegen die Vasallen der Hyksos in Nordsyrien führen. Aleppo wird nach heftigen Kämpfen von Mursilis erobert, und die Hyksos sind nicht in der Lage, ihre ganze Macht gegen Ahmose einzusetzen, der die Schlagkraft seines Heeres inzwischen durch ein eigenes Streitwagenkorps verbessert hat. Memphis wird von den Thebanern erstürmt, während sich das gut befestigte Auaris noch eine ganze Weile zu halten scheint. Nach dem Falle der Hauptstadt bricht um 1540 der verbliebene Machtbereich der Hyksos in wenigen Jahren auseinander. Ahmose besetzt das übrige Delta und sichert durch einen Vorstoß nach Südpalästina auch das Sinaigebiet mit seinen wichtigen Kupferminen; vielleicht wird er von den bisherigen Vasallen der Hyksoskönige bis nach Syrien hin als neuer Oberherr anerkannt. Das machtpolitische Vakuum, das sich am oberen Euphrat bildet, ermöglicht dem Hethiterkönig Mursilis I. wenige Jahre später (1531) einen Raubzug bis nach Babylon, wo das Bergvolk der Kassiten bald darauf eine neue Dynastie gründet. So wird das politische Gesicht der damaligen Welt in wenigen Jahrzehnten von Grund auf umgestaltet.

Im Süden stellt Ahmose zumindest die ägyptische Herrschaft über Unternubien (Wawat) wieder her; Denkmäler mit seinem Namen sind sogar auf der Nilinsel Sai zwischen dem 2. und 3. Katarakt gefunden worden. Diese Ausdehnung hat dem bisher selbständigen Fürstentum Kusch ein Ende gemacht. Das neugewonnene nubische Gebiet, durch seine Goldminen und Steinbrüche für die Wirtschaftskraft des Neuen Reiches unentbehrlich, wird wie im Mittleren Reich durch starke Festungen gesichert; dazu erhält es eine straffe ägyptische Verwaltung, an deren Spitze von nun an, bis zur frühen 21. Dynastie, ein Vizekönig mit den Titeln „Königssohn (von Kusch)“ und „Vorsteher der südlichen Fremdländer“ steht. Ahmose Satait, dem König Ahmose dieses Amt überträgt, entstammt vermutlich der herrschenden Dynastie. Sein Sohn Turi, der ihm später im Amte nachfolgt, befehligt zunächst als Festungskommandant in Buhen am 2. Katarakt. Dort errichten Ahmose und seine Nachfolger eine gewaltige Festungsanlage, welche die kleinere, wiederhergestellte Festung der 12. Dynastie als Zitadelle mitbenutzt; der neue, mit Außenbastionen verstärkte Festungswall wird aus Ziegeln 11 m hoch ausgeführt und durch einen breiten Graben gesichert.

Nach der erfolgreichen Einigung des Landes und seiner außenpolitischen Sicherung in den Vorfeldern Palästina und Nubien widmet sich Ahmose dem Aufbau einer neuen zentralen Verwaltung. Er lehnt sich dabei stärker an den durchorganisierten Staat der 12. Dynastie an als an die lockere Gliederung des Hyksosreiches, doch wird der Aufbau der Beamtenschaft gegenüber dem Mittleren Reich vereinfacht. Der Erblichkeit des Amtes, die als ideales Prinzip in Ägypten stets vorhanden war, kommt nun erhöhte Bedeutung zu; wir besitzen sogar Urkunden über den Verkauf hoher geistlicher und weltlicher Ämter gegen Entgelt. Dagegen kann sich ein Gaufürstentum, wie es den Königen der 12. Dynastie zu schaffen machte, nicht wieder herausbilden. Eine eigene Verwaltungsspitze erhält allein das nubische Kolonialgebiet mit dem in Anîba residierenden Vizekönig. Theben bleibt auch nach der Eroberung des Nordens zunächst Verwaltungszentrum und Amtssitz des Wesirs, dazu als Hauptkultort des Götterkönigs Amun religiöser Mittelpunkt des Landes. Ahmose zeigt daneben eine besondere Vorliebe für Abydos, wo er für sich und Angehörige seiner Familie ausgedehnte Grab- und Kultanlagen errichten läßt. Sein Andenken bleibt daher in diesem Kultzentrum der Osiris-Verehrer lange lebendig, die Ramessidenzeit verehrt ihn dort als orakelgebende Gottheit.

Hatte Ahmose nach der Beseitigung der Fremdherrschaft den politischen Rahmen des Staates neu geschmiedet, so legt die Regierungszeit seines Sohnes Amenophis I. (1527—1506) die Grundlagen für eine neue kulturelle Blüte. Reiche Schöpferkräfte, die sich im nationalen Befreiungskampf gegen die Hyksos zunächst politisch ausgewirkt haben, verwandeln sich in geistige Impulse, die vom Hofe des Königs ausstrahlen. Es scheint, daß Amenophis I. eine schöpferische Elite um sich sammeln kann, wie sie Ägypten seit der Pyramidenzeit und den Tagen Sesostris' I. nicht mehr gesehen hat. Nur durch Zufall kennen wir von den Theologen, Dichtern, Baumeistern, Künstlern und Wissenschaftlern, die sich um den König scharen, einige mit Namen: den Astronomen Amenemhât, der sich in seinem Grab der Konstruktion einer Wasseruhr rühmt, oder den Baumeister Inene, der unter Thutmosis I. ein einsames Felsental zum königlichen Begräbnisplatz und damit zum sagenumwobenen „Tal der Könige“ erhebt. Das versteckte Felsgrab Amenophis' I. nimmt den neuen Typ des Königsgrabes bereits vorweg, liegt aber in der Nähe der von kleinen Ziegelpyramiden bekrönten Gräber der 17. Dynastie bei Dra abu'l Naga. In diesem Nordteil der ausgedehnten thebanischen Nekropole liegen auch die wenigen Beamtengräber dieser Zeit. Wo sich die hohen Beamten der beginnenden 18. Dynastie bestatten ließen, ist noch unbekannt. Doch scheint man in Amenophis I. den Gründer des neuen großen Reichsfriedhofes zu sehen und verehrt ihn, zusammen mit seiner Mutter Ahmes-Nofretiri, als Schutzgott der thebanischen Totenstadt.

In das 9. Regierungsjahr des Königs (1518 v. Chr.) ist ein Kalender auf der Rückseite des Papyrus Ebers datiert, der uns zugleich das damalige Kalenderdatum des Sothisaufgangs (Frühaufgang des Sirius), also einen festen Stützpunkt für die absolute Chronologie des Neuen Reiches überliefert. Der

Papyrus selbst setzt die damals schon große und alte Tradition der ägyptischen Medizin fort. Von noch größerer Bedeutung ist die religiöse Literatur dieser Zeit, die nicht nur alte Traditionen weiterführt, sondern mit einer Fülle neuer Gedanken und Ausdrucksformen in die Zukunft fortwirkt. Die Theologen Amenophis' I. haben einer ganzen Reihe von Ritualen die für Jahrhunderte gültige Form gegeben. Einer dieser religiösen Denker, der zugleich ein Dichter von hohem Rang gewesen ist, hat für Amenophis I. oder für Thutmosis I., aus dessen Grab die älteste erhaltene Abschrift stammt, ein Werk verfaßt, das der neuen Literaturgattung von „Jenseitsführern" als Vorbild dient. Das reich illustrierte Buch trägt den Titel „Schrift des Verborgenen Raumes", ist aber unter der späteren Abkürzung „Amduat" bekannt geworden. Es greift ältere Vorstellungen der Jenseitstopographie auf, um ihnen eine neue und systematische Gestalt zu geben. Am Leitfaden der Unterweltsfahrt des Sonnengottes durch die zwölf Nachtstunden beschreibt das Werk in Wort und Bild die Regionen der Totenwelt mit den vom Jenseitsgericht geschiedenen Seligen und Verdammten; letztere werden mit einem reichen Katalog von Höllenstrafen gepeinigt. So macht das Amduat mit dem Gedanken einer ewigen Verdammnis ernst und gestaltet, fast drei Jahrtausende vor Dante, die bislang älteste Höllenschilderung. Aus der gleichen Blütezeit religiöser Dichtung um 1500 v. Chr. stammt die Sonnenlitanei, die den König mit dem Sonnengott und seinem täglichen Wandel durch alle Sphären der Welt gleichsetzen will, um damit seine gestirnhafte Regeneration zu bewirken. Da die Theologen des Neuen Reiches im Totengott Osiris eine unterweltlich-nächtliche Erscheinung des Sonnengottes sehen, wendet sich auch der Tote in einem früher nicht gekannten Maße an diesen allumfassenden Gott. In immer neuen Wendungen werden Lieder an die auf- und untergehende Sonne gedichtet und in die großen religiösen Werke eingefügt oder selbständig im Eingang der Privatgräber und auf Stelen aufgezeichnet. Neben den Schöpfungsvorstellungen wird nun auch der Jenseitsglaube zur Domäne des Sonnengottes, und so darf man mit einer gewissen Überspitzung sagen, daß die Weichen für die religiöse „Revolution" Echnatons, für seinen solaren Monotheismus, bereits von den Theologen und religiösen Dichtern am Hofe Amenophis' I. und seines Nachfolgers gestellt worden sind.

Das reiche religiöse Spruchgut über Tod, Bestattung und Jenseitsschicksal, das im Alten Reich in den Pyramidentexten und im Mittleren Reich in den Sargtexten aufgezeichnet wurde, gibt man, in wechselnder Zusammenstellung, dem Verstorbenen jetzt auf Papyrus mit. In diesem „Totenbuch", das im wesentlichen von einer langen, volkstümlichen Tradition geprägt ist, blüht die Magie mit ihren vielfältigen Praktiken weiter, während die neuen, vornehmlich für den König bestimmten Totentexte sich davon frei halten. Die Schreiber des Hofes interessieren sich nicht für Zaubersprüche, sondern für eine „Geheimschrift" (Aenigmatische Schrift), die den bekannten Hieroglyphen neue, unbekannte Bedeutungen unterlegt und daher nur dem Eingeweihten verständlich ist; für sie ist die Freude an der Vielfalt und Vieldeutigkeit bestimmend, nicht die Tendenz zur Vereinfachung, die zur gleichen Zeit in Syrien und Palästina erste alphabetische Schriftsysteme hervorbringt.

Als Bauherr tritt Amenophis I. vor allem in Karnak hervor, wo sich die Könige des Neuen Reiches zur Ehre Amun-Res in der Ausgestaltung seines großen Reichstempels gegenseitig überbieten, bis die Anlage zu einem wahren Labyrinth von Pylonen, Höfen, Sälen und Kammern geworden ist. Das geistige und künstlerische Aufbauwerk Amenophis' I. wird durch keine außenpolitische Beanspruchung gestört. In Vorderasien ringen Hethiter und Churriter um die Vorherrschaft in Nordsyrien, in Nubien sorgt der neue Vizekönig Turi für Ordnung und baut das schon aus dem Mittleren Reich bekannte Festungsdreieck Semna — Kumma — Uronarti südlich des 2. Kataraktes weiter aus.

Thutmosis I. (1506—1494) scheint einer Seitenlinie des Königshauses zu entstammen und wäre damit dynastisch als der eigentliche Gründer der 18. Dynastie zu betrachten. Während sich am Hofe, seiner Zusammensetzung und seiner geistigen Haltung wenig ändert, beginnt mit Thutmosis I. außenpolitisch eine neue Epoche. Er nimmt die Herausforderung, die in der Bildung eines neuen Machtzentrums in Syrien (Mitanni-Reich) liegt, entschlossen an, pflanzt als erster König die ägyptischen Feldzeichen an den Ufern des Euphrat auf und wird so zum Gründer des ägyptischen Imperiums. Das weite Ausgreifen aus der bisherigen Isolierung wird technisch durch Pferd und Wagen gefördert, entspricht aber auch der gewandelten geistigen Haltung dieser Zeit, die bisherige Leistungen zu übertreffen sucht und erstmals eine Art von Fortschrittsglauben entwickelt.

Zunächst stößt der König im 2. Jahr seiner Regierung über den stark gesicherten Festungsriegel südlich des 2. Kataraktes weit nach Süden vor, hinterläßt im Gebiet des 3. Kataraktes Inschriften und erreicht wahrscheinlich sogar den 4. Katarakt. Damit wird Obernubien (Kusch) als neue Provinz dem ägyptischen Reiche eingegliedert und in der Folgezeit ebenfalls durch Festungen gesichert. Seine Verwaltung wird wie die Unternubiens (Wawat) dem langbewährten Vizekönig Turi unterstellt. Nachdem sich sein afrikanisches Imperium nunmehr von der Mittelmeerküste in der Luftlinie 1500 km nilaufwärts erstreckt, wendet sich der König nach Vorderasien. Wir kennen nur den Endpunkt, nicht den Verlauf dieses asiatischen Feldzuges, doch scheint Thutmosis ohne nennenswerten Widerstand durch ganz Palästina und Syrien bis zum oberen Euphrat vorzudringen. Erst dort tritt ihm im Mitannireich eine neue Weltmacht entgegen, die sich inzwischen im Kampf mit den Hethitern festigen konnte und jetzt für ein Jahrhundert zum Hauptgegner Ägyptens wird. Der König begnügt sich damit, in der Gegend von Karkemisch die neue Reichsgrenze am Euphrat durch Stelen zu kennzeichnen und in Nordostsyrien asiatische Elefanten zu jagen, dann kehrt er in seine Residenz zurück.

Trotz seiner großen militärischen Erfolge in Asien und Afrika ist Thutmosis I. keineswegs nur ein Kriegsheld. Sein thebanischer Hof bleibt Mittelpunkt des geistigen Lebens, während im strategisch günstiger, näher am asiatischen Kriegsschauplatz gelegenen Memphis ein militärisches Hauptquartier eingerichtet wird. Dort werden von nun an die Kronprinzen als „Generalissimi" militärisch erzogen und eingearbeitet. Mit Memphis als „Großem Hauptquartier" bleibt die Außenpolitik Ägyptens für Jahrhunderte nach Asien hin orientiert; vom Süden her drohten keine besonderen Gefahren, dort waren die bleibenden Grenzen des Reiches mit Thutmosis I. erreicht.

Der oberste Handwerker und Baumeister Inene, dessen Laufbahn durch das Amt eines Bürgermeisters der Hauptstadt gekrönt wird, leitet auf dem thebanischen Ostufer umfangreiche Bauten des Königs im Amuntempel von Karnak. In wenigen Jahren werden dort vor dem Allerheiligsten zwei Pylone und dazwischen eine Säulenhalle errichtet. Der vordere (4.) Pylon schließt nun für über ein Jahrhundert den Tempel nach außen hin ab; vor ihm läßt der König ein Obeliskenpaar aus Rosengranit aufstellen. Auf dem Westufer überwacht Inene die versteckte Anlage des königlichen Felsgrabes im Tal der Könige, das mit Thutmosis I. zum Begräbnisplatz der Könige des Neuen Reiches wird. Mit der Pyramidenform hatte schon Amenophis I. die enge Verbindung von Grab und zugehöriger Kultstätte aufgegeben; die Totentempel der Könige liegen jetzt, weit von ihren Gräbern getrennt, am Rande des Fruchtlandes. Sie sind zugleich dem Amun geweiht, bei dem das Königtum seit der 17. Dynastie göttlichen Rückhalt sucht.

Da der eigentliche Kronprinz und „Generalissimus" Amenmesse seinem Vater im Tode vorangegangen war, folgt auf Thutmosis I. ein anderer seiner Söhne, Thutmosis II. (1494 bis 1490). Zu seiner Hauptgemahlin erhebt der neue König seine Halbschwester Hatschepsut, die durch ihre Mutter Ahmes vom Begründer des Neuen Reiches abstammt. Die kurze Regierungszeit Thutmosis' II. wird von militärischen Demonstrationen in Nubien und Palästina, dazu von einer regen Bautätigkeit im Karnaktempel ausgefüllt. Als er im Frühjahr 1490 v. Chr. starb, war aus der Ehe mit Hatschepsut nur eine Tochter Nofrurê hervorgegangen. So fiel der Thron an den noch unmündigen Sohn seiner Nebengemahlin Isis, der wie seine beiden Vorgänger den Geburtsnamen Thutmosis („Thot ist geboren“) trägt. Unter seinem Thronnamen Mencheperrê sollte dieser dritte Thutmosis (1490—1436) für seine Untertanen wie für die Nachbarvölker zum bleibenden, furchteinflößenden Symbol der Größe Ägyptens werden.

Für den jungen König führt seine Stiefmutter Hatschepsut die Regentschaft. Solche weiblichen Regentschaften hatte es bereits im Alten Reich gegeben, doch sollte sich bald zeigen, daß die energische Königin nicht gewillt war, sich mit dieser Stellung zu begnügen und die Regentschaft mit der Volljährigkeit des Königs, die in wenigen Jahren zu erwarten stand, niederzulegen. Bereits im Februar 1488 v. Chr. läßt sie sich bei Gelegenheit einer Prozession der Amunbarke nach dem Willen des Gottes zum König ausrufen und feierlich krönen. Damit geschieht das Unerhörte, daß eine Frau in die rein männliche Rolle Pharaos eintritt, sich dieser Rolle anpaßt und ihr doch den Stempel weiblicher Eigenart aufprägt. Der Vorgang zeigt, in welchem Maße die Wandlungsfähigkeit des ägyptischen Königtums nun der Persönlichkeit des jeweiligen Trägers Raum gibt. Im Alten und Mittleren Reich fanden wir eine klar umrissene Vorstellung vom Königtum, aber Herrscher, deren persönliche Eigenart im Dunkel blieb; im Neuen Reich finden wir, mit Hatschepsut beginnend, klar und einmalig gezeichnete Herrschergestalten, aber verschwimmende Konturen des Königtums. Je schwächer seine formende Kraft empfunden wird, um so freier kann sich die Persönlichkeit entfalten, um so enger wird aber auch die neue Bindung an den Willen Gottes. Selbst Thutmosis III. stützt seine Legitimität durch eine Orakelentscheidung Amuns, und es läßt sich denken, daß jetzt die Priesterschaft des Gottes politischen Einfluß gewinnt.

In der Rolle Pharaos muß Hatschepsut kriegerische Beiworte übernehmen, die zu einer Frau und zum friedlichen Charakter ihrer Regierungszeit schlecht passen; das Königsdogma zwingt sie, sich als Mann oder als männlichen Sphinx darstellen zu lassen. Aber oft gelingt es ihr, sogar im festgelegten Schema der

Königstitulatur und in der herkömmlichen Darstellung des Königs ihre weibliche Eigenart zum Ausdruck zu bringen, etwa unter dem Königsornat weibliche Körperformen zu zeigen, sich statt der entsprechenden männlichen Titel als „weiblichen Horus", als „vollkommene Göttin" oder als „Tochter des Re" zu bezeichnen oder im Horusnamen das übliche „Starker Stier" zu vermeiden.

Die volle Regierungsgewalt liegt nun für zwei Jahrzehnte (1488—1468) bei der Königin und den von ihr ernannten Ministern. Seit ihrem Staatsstreich übt sie die Herrschaft nicht mehr als Regentin, sondern kraft göttlichen Auftrags als „König" Ägyptens aus. Das Unerhörte einer solchen Anmaßung wird durch die Mitregentschaft eines männlichen Partners gemildert. Thutmosis III. ist durch den Staatsstreich seiner Stiefmutter zwar jeder Aussicht auf die Ausübung politischer Macht beraubt, regiert aber nominell neben ihr weiter. Hatschepsut zählt ihre eigenen Regierungsjahre von der Thronbesteigung Thutmosis' III. an und läßt den Mitregenten oft genug in offiziellen Inschriften mit aufführen. Da ihre einzige Tochter Nofrurê, die von ihrer Mutter den Titel einer „Gottesgemahlin" (des Amun) übernimmt und zur legitimen Fortführung der Dynastie berufen ist, bereits in jugendlichem Alter stirbt, muß die alternde Königin sich auch mit dem Gedanken vertraut gemacht haben, ihrem Mitregenten die Nachfolge zu überlassen.

Zu den leitenden Staatsmännern der Königin gehören das geistliche und das weltliche Oberhaupt des Reichstempels von Karnak: der Hohepriester des Amun, Hapuseneb, und der Vermögensverwalter des reichsten aller Tempel, Senenmut, dem zugleich die Erziehung der Kronprinzessin Nofrurê anvertraut wird. Beide Männer, die sich in die Aufsicht über die großen Bauten der Königin teilen, stammen aus bescheidenen Verhältnissen; mit solchen Homines novi beruft Hatschepsut erstmals auch Asiaten in einflußreiche Stellungen. Das Wesirat geht 1486 von Ahmose Ametju an seinen Sohn Useramun über, der jedoch hinter den beiden mächtigen Günstlingen der Königin zurücktritt. Im Verein mit dieser zweifellos hervorragenden Beamtenelite prägt die Königin in ihren Bauten, ihren außenpolitischen Unternehmungen und im Lebensgefühl ihrer Zeit einen neuen Stil, der lange nachwirkt. Während ihre Vorgänger auch Traditionen der Hyksoszeit fortgeführt haben, lehnt sie jene Zeit als „gottlos“ ab und orientiert sich am „klassischen“ Vorbild des Mittleren Reiches; damit kommt sie einer bereits vorhandenen nationalen Strömung entgegen, die sich u. a. in einer ersten Verfemung des Gottes Seth, den die Hyksos bevorzugt hatten, äußert. An die Stelle der imperialen Kriegspolitik Thutmosis' I. treten friedliche Beziehungen zu den Nachbarstaaten; wirtschaftlicher und kultureller Austausch stehen für Hatschepsut im Vordergrund. So kann sich, während Ägypten passiv bleibt und das Hethiterreich durch innere Kämpfe geschwächt ist, das Reich der churritischen Mitanni, die von einer indoarischen Oberschicht geführt werden, zu einer ernsten Bedrohung der vorgeschobenen ägyptischen Stellung in Syrien entwickeln. Doch scheint die Königin trotz ihrer Friedensliebe das ägyptische Heer nicht vernachlässigt zu haben, sonst wären die raschen militärischen Erfolge ihres Mitregenten schwer denkbar.

Statt asiatischer Feldzüge nimmt Hatschepsut nach langer Pause die traditionellen Handelsfahrten nach Punt an der Somaliküste wieder auf, wo die Ägypter gegen Fertigwaren (Waffen, Geräte, Schmuck) außer Weihrauch noch Ebenholz, Elfenbein, Gold, Gummi, wertvolle Felle und lebende Tiere eintauschen. 1482 v. Chr. entsendet die Königin unter dem Oberbefehl ihres Schatzmeisters Nehsi eine denkwürdige Expedition dorthin, deren Verlauf und erfolgreichen Abschluß die Reliefs in der „Punthalle“ ihres Totentempels verewigen. Mit diesem Tempel, der außer der Königin, dem Sonnengott Re-Harachte und den Totengottheiten Anubis und Hathor primär dem Amun geweiht ist, wollte sie dem Götterkönig ein „Punt“ inmitten von Ägypten schaffen. Wie die Myrrhenterrassen des sagenhaften Landes, steigt der Tempel in drei Terrassen von dem mit Weihrauchbäumen bepflanzten ersten Hofe bis zu den Götterkapellen an, die in die steile Rückwand des Talkessels von Deir el-Bahri hineingetrieben sind. Die harmonische Einfügung des Bauwerkes in die Felslandschaft zeugt von der gleichen Naturverbundenheit, welche die bildende Kunst dieser Zeit beseelt, vor allem die Wandmalereien der thebanischen Gräber. Verfeinerung der materiellen Kultur und lyrische Gestimmtheit steigern sich von Hatschepsut bis zur Amarnazeit; auf solchem Nährboden blüht eine reizvolle ägyptische Liebeslyrik auf, und die Sonnenhymnen überbieten sich in poetischen Bildern, wenn sie die Fürsorge Gottes für alle Kreatur schildern. Auf Kreta, das den Handelsflotten der Königin ein lohnendes Ziel bietet, finden die Ägypter in der spätminoischen Kunst verwandte lyrische Töne, die nach dem Untergang von Knossos in der Palastmalerei der späten 18. Dynastie verklingen.

Amun, als dessen geliebte Tochter sie sich fühlt, ist der bevorzugte Gott Hatschepsuts. Sie vergrößert seine irdische Wohnung, den Reichstempel von Karnak, und schmückt ihn aus Anlaß ihres Sedfestes mit zwei je 30 m hohen Granit-Obelisken. In der „Geburtshalle" des Tempels von Deir el-Bahri läßt sie, auf ältere Vorbilder zurückgreifend, ihre göttliche Herkunft und Geburt darstellen: der Götterherr Amun zeugt mit der Königin das Kind Hatschepsut als legitimen Thronfolger, dem von Geburt an die Weltherrschaft verheißen ist. Doch kümmert sich Hatschepsut mit besonderer Pietät auch um das Andenken ihres irdischen Vaters, Thutmosis' I.: seine Mumie wird in ihr eigenes Grab umgebettet, die Leitung seines Totenkultes dem ältesten Sohn des Hohenpriesters Hapuseneb übertragen. Die Schäden der „gottlosen" Hyksoszeit beseitigt die Königin an vielen Orten Ägyptens und Nubiens durch neue Tempelbauten.

Als regierender „König" mußte Hatschepsut Anspruch auf ein Grab im Tal der Könige erheben; am östlichen Ende eines Seitentales, nur durch eine Felsbarriere von ihrem Totentempel in Deir el-Bahri getrennt, ließ Hapuseneb die geplante endgültige Ruhestätte der großen Königin tief in den Felsen hineintreiben. Ihr engster Vertrauter, Senenmut, der als „Größter der Großen im ganzen Land" allmächtigen Einfluß auf die Staatsgeschäfte besaß, durfte sich unter dem Vorhof des Tempels von

Deir el-Bahri, dessen Bau er geleitet hat, ein neues Grab in Form eines Königsgrabes anlegen; allerdings mußte er bei der Ausschmückung auf königliche Jenseitstexte (Amduat, Sonnenlitanei) verzichten und sich mit Sprüchen aus dem Totenbuch und den Pyramidentexten sowie mit astronomischen Darstellungen begnügen. Dagegen ließ der Wesir Useramun in seiner engen Grabkammer die königlichen Texte anbringen und sich unter den Göttern der Sonnenbarke darstellen. Eine derart weitgehende Anmaßung königlicher Rechte hat kein anderer König des Neuen Reiches seinen Beamten gestattet. Senenmut erhielt sogar die Erlaubnis, sich im Totentempel der Königin darstellen zu lassen, und wie für einen König wurde ihm ein Quarzitsarkophag hergerichtet. Der Hohepriester Hapuseneb hat wahrscheinlich ein Begräbnis im Tal der Könige erhalten; dort konnten während des Neuen Reiches durch besondere königliche Gnade auch hohe Beamte bestattet werden, mußten sich aber mit einem undekorierten Schachtgrab begnügen.

Hapuseneb, Senenmut und der Schatzmeister Nehsi verschwinden etwa gleichzeitig um 1473 aus dem öffentlichen Leben, und man hat früher an einen Sturz der prominentesten Minister der Königin geglaubt, der neuerdings jedoch fraglich scheint. Von den höchsten Beamten ist nur der Wesir Useramun weiterhin belegt; er übernimmt das bisher von Senenmut bekleidete Amt eines Vermögensverwalters des Amuntempels und behält seine Ämter auch nach dem Tod der Königin, besitzt also das Vertrauen Thutmosis' III. Seit dem frühen Tode der Kronprinzessin Nofrurê zeichnet sich die kommende Alleinherrschaft Thutmosis' III. immer deutlicher ab, bis sie im Winter 1469/68 v. Chr. mit dem Tode der Königin Wirklichkeit wird. Ob Hatschepsut ein gewaltsames Ende fand, wissen wir nicht. Erst einige Zeit nach ihrem Tode setzt ein Bildersturm ein, wie ihn Ägypten bislang noch nicht erlebt hatte; Statuen der Königin werden zerschlagen, ihre Darstellungen aus den Reliefs ausgemeißelt, ihre Obelisken eingemauert und ihr Name auf fast allen erreichbaren Denkmälern getilgt. Spätere Königslisten übergehen ihre illegitime Regierung. Von ihren hohen Beamten ist offenbar nur der nubische Vizekönig dem Regierungswechsel zum Opfer gefallen; die übrigen übernimmt der neue Alleinherrscher, voran den Wesir Useramun, dem wenige Jahre später sein Neffe Rechmirê im Amte folgt.

Thutmosis III. tritt seine Alleinregierung (1468—1438) in einem kritischen Augenblick an. Unbehelligt von der Friedenspolitik seiner Stiefmutter hatte sich in Syrien eine gefährliche Koalition einheimischer Fürsten um den Stadtherrn von Kadesch geschart und politisch der aufstrebenden Großmacht Mitanni angeschlossen. Ganz Syrien und große Teile Palästinas waren bereits für Ägypten verloren; die vereinigte Streitmacht der Gegner hatte sich jetzt in Bewegung gesetzt und bedrohte die letzten ägyptischen Stützpunkte auf asiatischem Boden. Der neue König tritt der Gefahr unverzüglich entgegen. Im Frühjahr 1468 v. Chr. rückt er mit seinem Heere in Palästina ein und stößt bei Megiddo auf die schlachtbereite Koalition der Feinde. Das gegnerische Heer wird geschlagen und sein Lager geplündert, doch verhindert diese Plünderung die sofortige Einnahme der Festung Megiddo; eine langwierige Belagerung, die nun folgt, endet nach 7 Monaten mit dem freien Abzug der Belagerten, die jedoch ihre Waffen, Pferde und über 900 Streitwagen den Ägyptern überlassen müssen. Kleinere ägyptische Abteilungen hatten inzwischen, von der Küste aus vordringend, das Hinterland des Gegners beunruhigt und das Gebiet um den Tiberiassee wieder in Besitz genommen. So hat dieser erste Feldzug zwar nicht die einstige Ausdehnung des ägyptischen Einflußgebietes wiederhergestellt, aber mit der Zerschlagung der feindlichen Koalition die unmittelbare Gefahr abgewendet und eine Rückgewinnung der abgefallenen Gebiete vorbereitet.

Der Kampf um die Wiedergewinnung und Sicherung der ägyptischen Stützpunkte in Syrien machte 16 weitere Feldzüge des Königs nötig. Strategisch verfolgt Thutmosis III. dabei den Plan, zunächst eine Kette von Stützpunkten entlang der Mittelmeerküste bis in den Libanon hinein aufzubauen, um damit eine sichere Basis für den Vorstoß ins nordsyrische Kernland des

Gegners zu gewinnen. Eine starke Flotte sicherte die Versorgung der ägyptischen Garnisonen in den Hafenstädten. Im Norden reichte die Kette der Stützpunkte zumindest bis Byblos, wo Thutmosis III. einen Hathortempel erbaut, und vielleicht schon weiter bis nach Ugarit. Von dieser Basis aus kann der König auf seinem 8. Feldzug (1458) endlich bis zum Euphrat und damit ins Innere des Mitanni-Reiches vordringen; nach Kämpfen bei Aleppo überschreitet er den von Norden nach Süden, daher in ägyptischer Sicht „umgekehrt“ fließenden Strom bei Karkemisch, läßt neue Grenzstelen errichten und zieht mehrere Tagemärsche stromab. Da der Mitannikönig eine Schlacht vermeidet, muß Thutmosis III. sich mit der Plünderung des flachen Landes begnügen. Der Rückmarsch führt ihn an den Orontes, wo er nach dem Beispiel seines Großvaters Thutmosis I. Elefanten jagt und mit der Einnahme von Kadesch seinen erfolgreichsten Feldzug krönen kann. Die Kunde vom Euphratübergang der Ägypter hinterläßt in der damaligen Welt einen tiefen Eindruck: Hethiter, Babylonier und Assyrer schicken Gesandtschaften, Ägypten ist wieder zur Vormacht im syrischen Raume geworden. Doch bleibt die Bedrohung durch das ungeschlagene Mitannireich, mit dem es in den folgenden Jahren immer wieder zu neuen Kämpfen, vorwiegend um das Gebiet von Aleppo, kommt. Die Auszüge aus seinem Kriegstagebuch, die Thutmosis III. im Karnaktempel anbringen läßt, brechen mit dem Jahre 1449 ab, so daß uns die Vorgänge in Syrien während des letzten Jahrzehntes seiner Alleinherrschaft unbekannt bleiben. Diese sogenannten „Annalen“ des Königs interessieren sich, was in der ägyptischen Geschichtsschreibung selten ist, über das rituell festgelegte Schema des Geschichtsablaufes hinaus auch für einmalige Ereignisse und sogar für Mißerfolge.

Anders als seine Vorgänger, begnügt sich Thutmosis III. nicht mit der bloßen Anerkennung seiner Herrschaft durch die Fürsten Syriens und Palästinas, sondern richtet für die asiatischen Gebiete eine straffere Verwaltung ein, wie sie sich in Nubien nun schon lange bewährt hatte. An ihre Spitze tritt als „Vorsteher der nördlichen Fremdländer“ der General Thot, der sich als

Heerführer auf den ersten Feldzügen ausgezeichnet hatte; später wird das asiatische Einflußgebiet noch in mehrere Provinzen unterteilt. Diejenigen Fürsten, die sich der ägyptischen Herrschaft unterworfen haben, behalten ihre Gebiete, ihre Söhne werden am Königshofe erzogen, von den Töchtern gelangen viele in den Harîm des Königs. Ägyptische Garnisonen sichern die wichtigsten Stützpunkte, ägyptische Kanzleien besorgen die Verwaltung des Gebietes.

Auch im Süden des Weltreiches hat Thutmosis III. über die bisherigen Grenzen hinausgegriffen. Das Gebiet von Napata am Gebel Barkal, wo er 1444 v. Chr. einen Denkstein aufstellen ließ, wurde in die Provinz Kusch einbezogen, und der 4. Katarakt bildet nun für lange Zeit die Südgrenze des Reiches. Hier kommen die Ägypter mit Negern in Berührung, die fortan in den Grabbildern neben den anderen Fremdvölkern erscheinen. Aus den Goldbergwerken der nubischen Ostwüste fließt ein Strom von Gold nach Ägypten; unter Thutmosis III. sind es jährlich um 300 kg, für die damalige Wirtschaft eine ungeheure Menge, die Ägypten für seine Nachbarvölker zum umworbenen Spender des begehrten Edelmetalles macht.

In Thutmosis III. eint sich Feldherrentalent mit staatsmännischer Größe. Für seine Zeit und für die Nachwelt ist er der große Eroberer, dessen Feldzüge in zahlreichen Abenteuergeschichten im Volke weiterleben. Zugleich versteht er jedoch, den Eroberungen als fähiger Organisator Dauer zu verleihen. Den Kronprinzen Amenophis macht er zeitig mit der „Arbeit des (Kriegsgottes) Month“ vertraut; der junge Prinz wächst in Memphis heran, wo sich sicher auch der König öfter aufgehalten hat als in der eigentlichen Hauptstadt Theben. Hier umgibt ihn eine neue militärische Führungsschicht, die bald auch politischen Einfluß erhält. Neben den vielen Kriegen und dem dadurch bedingten Hervortreten des Militärs darf man jedoch die friedlichen Leistungen des Erobererkönigs nicht übersehen. Außer der Pflege von Handelsbeziehungen und dem Ausbau der Verwaltung widmet er sich in großem Stile der Bautätigkeit zu Ehren der Götter. Von Byblos bis zum Gebel Barkal werden Tempel neu errichtet oder erweitert. Noch in ptolemäischer Zeit berufen sich die großen Tempel von Esna, Dendera und Kom-Ombo auf Thutmosis III. als Neugründer. Doch steht der Amuntempel von Karnak, dem er den Löwenanteil an seiner Kriegsbeute und an den ausländischen Tributen zuwendet, weit im Vordergrund. Für den Totenkult des Königs und für seine jenseitigen Erneuerungsfeste wird bereits am Anfang der Alleinregierung im Osten des Tempels ein steinerner Festhof mit erhöhtem Schattendach errichtet, der sich in der Form einer dreischiffigen Basilika annähert. Ein Obeliskenpaar (heute in London bzw. New York) läßt der König bei der zweiten Wiederholung seines Erneuerungsfestes vor dem Sonnentempel von Heliopolis aufstellen, weitere im Karnaktempel. Daß neben der Reichstriade Amun, Re und Ptah auch dem Kriegsgott Month und seinen Heiligtümern in Medamûd und Tôd die besondere Aufmerksamkeit des Königs gilt, kann nicht überraschen.

Als der große Baumeister des ägyptischen Imperiums am 14. 3. 1436 v. Chr. starb, hatte sein Sohn Amenophis II. (1438 bis 1412) schon seit einiger Zeit den alternden König als Mitregent unterstützt. Er ließ seinen Vater in einem vorbereiteten Felsgrab am südlichsten Ende des Tales der Könige bestatten und bemühte sich ein Vierteljahrhundert lang mit Erfolg, das von seinen Vorgängern aufgebaute Großreich zusammenzuhalten. Stärker noch als sein Vater fühlt sich Amenophis II. als Kriegsmann und legt in seinen Inschriften besonderes Gewicht auf persönliche, übermenschliche Leistungen in Krieg und Sport, die für seine schwächeren Nachfolger verpflichtendes Vorbild werden. Die Brutalität, die solche Gesinnung ergänzt, scheint allerdings ein persönlicher Zug dieses Königs zu sein; er führt seine Kriege mit einer Grausamkeit, die seinem Vater fremd war, und läßt die Leichen erschlagener Fürsten am Bug des Königsschiffes aufhängen. In diese neue Atmosphäre paßt auch die Übernahme asiatischer Kriegsgottheiten in das ägyptische Pantheon. Am Hof des Königs dominieren Männer, die mit ihm zusammen militärische Erziehung genossen oder sich auf seinen Feldzügen bewährt haben. Die weitverzweigte Familie des greisen Wesirs Rechmirê, die seit über 60 Jahren das höchste Staatsamt besetzt hatte, muß ihren Einfluß den Jugend- und Kriegskameraden des neuen Königs überlassen; den kameradschaftlichen Ton, den er im Verkehr mit seinen engsten Gefolgsleuten verwendet, zeigt ein persönliches Handschreiben des Königs an seinen nubischen Vizekönig Usersatet, das dank seiner „Veröffentlichung“ auf einer Stele in Semna erhalten blieb.

Im ersten Frühjahr seiner Alleinregierung (1435 v. Chr.) bricht Amenophis II. nach Syrien auf, um dem Vordringen des Mitannikönigs Saustatar entgegenzutreten. In mehreren Feldzügen, bei denen die von einer ägyptischen Garnison besetzte Hafenstadt Ugarit erstmals eine Rolle spielt, kann der König die Stellung am Orontes halten, jedoch nicht zum Euphrat vorstoßen. Den Mitanni gelingt es sogar, durch Anzettelung von Aufständen die Kämpfe auch nach Palästina hineinzutragen. Gegen das Ende der Regierung Amenophis' II. zeichnet sich allerdings eine Verschiebung des Kräfteverhältnisses ab. Die Hethiter werden aufs neue in Nordsyrien aktiv und bedrohen damit die Ausdehnung des Mitannireiches in der Flanke. Die neue Lage führt vielleicht noch vor dem Tode des Königs zu Friedensverhandlungen zwischen Ägypten und Mitanni, die unter Thutmosis IV. einen erfolgreichen Abschluß finden.

Als Bauherr tritt Amenophis II. hinter seinem Vater zurück, aber der kriegerische Geist des Zeitalters vermag die Blüte aller Kunstzweige nicht zu hemmen. Die Grabkammer des Königs, mit Götterszenen und den Unterweltsvisionen des Amduat ausgemalt, ist in der Ausgeglichenheit ihrer Proportionen, Farben und Linien ein Meisterwerk, das den Besucher noch jetzt bezaubert.

Sein Sohn Thutmosis IV. (1412—1402) ist nicht von Anfang an zur Thronfolge berufen gewesen. Auf einem Denkstein, den er zwischen den Vorderpranken des großen Sphinx von Gîza aufstellen ließ, berichtet der neue König, wie der Sonnengott ihm im Traume das Königtum verheißen habe, wenn er das gewaltige Löwenbild vom Treibsand befreie. Als erste größere Tat seiner Regierung hat Thutmosis IV. dies Versprechen eingelöst. Die Zeiten einer offensiven Asienpolitik sind mit ihm vorüber, obgleich das Vordringen der Hethiter in Nordsyrien starke Kräfte des Mitannireiches bindet. Die ägyptische Grenzstellung am Orontes ist inzwischen bis Kadesch zurückgedrängt, während die syrischen Häfen dank der ägyptischen Überlegenheit zur See behauptet werden können. Vorübergehende Entspannung bringt der Abschluß eines Friedensvertrages mit dem Mitannireich, dem nach langen Verhandlungen eine dynastische Heirat folgt: eine Tochter des Mitannikönigs Artatama wird in den Harîm Thutmosis' IV. aufgenommen. Obgleich in Memphis militärisch erzogen, wird der neue König nicht vom kriegerischen, brutalen Sinn seines Vaters beseelt. Er entfaltet in seiner kurzen Regierung eine rege Bautätigkeit, vergoldet das damalige Portal des Karnaktempels am 4. Pylon und läßt den Lateranobelisken aufstellen; diesen größten stehenden Obelisken, der im 4. Jahrhundert n. Chr. nach Rom verschleppt wurde, hatte schon Thutmosis III. anfertigen lassen, aber nicht aufgerichtet, da sein geplantes Gegenstück nicht fertig wurde. Trotz seiner baulichen Fürsorge für den Amuntempel ist Thutmosis IV. bestrebt, dessen wirtschaftliche und politische Macht in Schranken zu halten. Totentempel und Felsgrab des Königs, beide wesentlich größer als die bisherigen Anlagen der 18. Dynastie geplant, bleiben durch seinen frühen Tod unvollendet, zeigen aber einen neuerlichen Hang zum Kolossalen, der sich über seinen Sohn Amenophis III. bis zum Höhepunkt der Ramessidenzeit steigert. Ergänzt und gemildert wird dieser Hang durch die Freude am Detail, von der die Grabmalereien dieser Zeit durchdrungen sind; die bewegte Anmut, welche die Darstellungen in den Gräbern des Astronomen Nacht, des Kornschreibers Menena und anderer Beamter Thutmosis' IV. auszeichnet, steht zwischen der einstigen Ruhe und der kommenden Unruhe im Gipfelpunkt der ägyptischen Malerei.

Amenophis III. (1402—1364) stand in den ersten Jahren seiner Regierung noch unter dem Einfluß seiner Mutter Mutemuja. Zur Hauptgemahlin hat er, entgegen allem Herkommen, die Tochter eines Beamten aus der Provinzstadt Achmîm erhoben; das kluge und energische „Bürgermädchen“ Teje wuchs zu einer der bedeutendsten Frauengestalten des Neuen Reiches heran. Zur Hochzeit wurden Gedenkskarabäen ausgegeben, und auch andere Ereignisse seiner frühen Regierungsjahre liebte der König auf solche Weise zu verewigen, etwa seine Löwen- und Wildstierjagden und die Anlage eines künstliches Sees für die Königin Teje bei ihrer Heimatstadt Achmîm.

Das erste Jahrzehnt Amenophis' III. bringt mit einem nubischen Feldzug und großen rituellen Jagden des Königs noch einen letzten Abglanz der ritterlichen Thutmosiden-Zeit; in den folgenden drei Jahrzehnten tritt der König, eingesponnen in den orientalischen Prunk seiner Hofhaltung, kaum noch hervor. Der eigentliche Regent scheint die Königin Teje zu sein, die sich auf eine Reihe von fähigen Beamten stützen kann. So nimmt die Außenpolitik, wie in den Tagen der Hatschepsut, weibliche Züge an. Der König hat die asiatischen Provinzen seines Reiches nie betreten und so darauf verzichtet, die Göttlichkeit Pharaos und die unwiderstehliche Gewalt seiner Epiphanie geschichtsmächtig einzusetzen. Statt dessen betrieb er, oder vielmehr Teje, eine praktische Politik dynastischer Heiratsbindungen und reicher Geschenke aus dem goldenen Überfluß Ägyptens. Damit erkaufte er sich Jahre der Ruhe, verspielte aber, auf die Dauer gesehen, die Weltmachtstellung seines Reiches. Mit den Geschenken weckte er nur die Gier seiner Vasallen und Nachbarn, und die politische Wirkung der Heiratsverbindungen blieb gering. Viel schwerer wog die Tatsache, daß Pharao als irdischer Repräsentant des Sonnengottes für seine asiatischen Vasallen unsichtbar blieb; so wandten sie sich anderen Gestirnen zu, die in Syrien zu leuchten begannen und von denen sich der Hethiterkönig ebenfalls als „Sonne“ bezeichnete.

Nach zähen Verhandlungen konnte der König 1393 v. Chr. Giluchepa, eine Tochter des Mitannikönigs Schutarna, mit 317 Ehrendamen in seinen Harîm aufnehmen und auch dieses Ereignis mit einem Gedenkskarabäus feiern. Es folgten zahlreiche Töchter kleinerer Dynasten, eine babylonische Prinzessin und gegen Ende der Regierung mit Taduchepa eine weitere

Mitanniprinzessin, diesmal Tochter des neuen Königs Tuschratta, der besonders enge Beziehungen zum ägyptischen Hofe pflegte und politisch allen Anlaß dazu hatte. Um 1375 konnte er zwar einen direkten Angriff des neuen Hethiterkönigs Subbiluliuma abschlagen und seinem späteren Schwiegersohn einen Anteil der Beute senden, aber in der Folgezeit traten immer mehr Kleinfürsten auf die Seite der Hethiter und lösten damit einen politischen Erdrutsch aus, der schließlich das geschwächte Mitannireich unter sich begraben sollte, bevor sich die Ägypter zum Handeln aufgerafft hatten. Durch den Fund und die Auswertung des diplomatischen Archivs von El-Amarna (s. S. 97) sind wir über die Vorgänge in Syrien während der letzten Jahre Amenophis' III. und unter der Regierung seines Sohnes recht gut unterrichtet; weitere Erhellung kommt aus den Archiven der nordsyrischen Küstenstadt Ugarit, die zunächst noch unter ägyptischem Einfluß steht. Rädelsführer der Aufstandsbewegung ist demnach der Fürst Abdaschirta von Amurru. Er herrscht über das Gebiet zwischen Ugarit und Byblos und gibt sich offiziell als loyaler Vasall Ägyptens, um seine Hausmacht auf Kosten anderer Vasallen unauffällig immer weiter auszudehnen. Unter den treugebliebenen Fürsten ragt Ribaddi von Byblos hervor, der in zahllosen Briefen ein Eingreifen der Ägypter fordert. Nach langem Zögern wird endlich eine kleine Streitmacht entsandt, die in den letzten Jahren des Königs die Lage vorübergehend festigen kann.

Seine nubischen Provinzen, die ihm Goldmengen „wie Staub" für seine Geschenkpolitik liefern, schmückt Amenophis III. mit prächtigen Tempelbauten. In den beiden Tempeln von Soleb und Sedeinga, nördlich des 3. Kataraktes, werden neben Amun auch Statuen des Königspaares schon zu seinen Lebzeiten göttlich verehrt. An Umfang und kolossalem Ausmaß seiner Bauten wird der König nur noch von Ramses II. übertroffen. Der Amuntempel von Karnak erhält einen neuen Pylon und wird mit dem Nil durch eine Sphinxallee verbunden. Der Totentempel des Königs auf dem Westufer sollte an Ausmaß und Pracht alles Bisherige in den Schatten stellen; die Zeit hat nur geringe Reste von ihm bewahrt, darunter die beiden Memnonskolosse aus Sandstein, die heute die thebanische Ebene beherrschen. Ein vom Kolossalen noch ungetrübter Wohllaut der Proportionen zeichnet den Tempel von Luxor aus, das schönste erhaltene Bauwerk Amenophis' III.

Als Bauleiter bevorzugt der König seinen Namensvetter Amenophis, Sohn des Hapu. Am Ende seiner steilen Karriere, die ihn vom „Rekrutenschreiber" bis zum Vermögensverwalter der Königin Satamun führt, erhält dieser Beamte das königliche Privileg eines eigenen Totentempels. Als Weiser lebt er in der Erinnerung des Volkes, und die ptolemäische Zeit verehrt ihn, wie den weisen Imhotep, als Heilgott und Sohn des Apisstieres. Die unerhörte königliche Gunst, die ihm zuteil wird, erinnert an ähnliche Akte der Hatschepsut und belastet das Ethos einer Beamtenschaft, der inmitten der überfeinerten, prunkliebenden und verweltlichten Gesellschaft der Weltstädte Theben und Memphis ohnehin eine Fülle neuer Versuchungen droht.

Im Mut-Tempel von Karnak und in seinem Totentempel hat Amenophis III. fast 600 Statuen der löwenköpfigen Göttin Sachmet aufstellen lassen, von denen die Mehrzahl heute über die Museen der Welt verstreut ist. Wollte der kranke König damit die gefährliche Göttin, welche die Krankheiten sendet und heilt, gnädig stimmen? Denn einen „aufgeklärten" Monarchen darf man in ihm, bei aller Verweltlichung, nicht sehen. Eher scheint es, daß religiöse Interessen bei ihm besonders lebendig waren, trotz der weltlichen Pracht seines Hoflebens. Der Tierkult findet erstmals Anerkennung bis zum Königshof, und die jetzt einsetzende Verehrung göttlicher Könige, vor allem Amenophis' I., spiegelt die gleiche Sehnsucht breiter Kreise nach neuen Mittlerwesen zwischen menschlicher und göttlicher Welt. Die Begegnung mit der ganz anders gearteten religiösen Welt Asiens trug dazu bei, daß man dem Überlieferten freier und kritischer entgegentrat und über die Grenzen einer Nationalreligion hinausdachte. Wer mit der Zeit ging, mußte vor allem den Gottesbegriff neu und universaler durchdenken und konnte dabei an den Pansynkretismus der Sonnenlitanei (s. S. 75) anknüpfen. Zu den fortschrittlichen Denkern gehörte der Offizier Aja, vielleicht ein Verwandter der Teje, den der König zum Erzieher seines Sohnes Amenophis bestellte. Als sich dem jungen Prinzen nach dem Tode seines älteren Bruders Thutmosis die Aussicht auf den Thron öffnet, erhält sein Erzieher („Gottesvater") Aja eine Schlüsselstellung, die den undurchsichtigen Mann zur „Grauen Eminenz" der Amarnazeit werden läßt.

In einem seiner späteren Regierungsjahre heiratet Amenophis III. seine eigene Tochter Satamun und gibt damit der religiösen Forderung auf Reinhaltung des königlichen Blutes nach, die er bei seiner Heirat mit der „bürgerlichen" Teje mißachtet hatte. Die letzten Jahre des Königs sind von Krankheit überschattet, die auch das heilkräftige Bild der Göttin Ischtar, das sein Schwiegervater Tuschratta ihm zusenden ließ, nicht bannen konnte. Das traditionelle Sedfest und zwei Wiederholungen, die Amenophis III. in seinem thebanischen Palast von El-Molgata zelebriert hat, sollten die Kraft des alternden Königs rituell erneuern. Im Sommer 1364 v. Chr. ist er gestorben und in einem einsamen Wüstental, abseits vom eigentlichen Tal der Könige, bestattet worden.

Die oft behauptete langjährige Mitregentschaft seines Sohnes Amenophis IV. (1364—1347) hält einer ernsthaften Nachprüfung nicht stand. Während der ersten Jahre seiner Regierung hat vielmehr seine Mutter Teje, gestützt auf die bewährten Beamten Amenophis' III., bestimmenden Einfluß auf die Staatsgeschäfte. Ihre Person garantiert den asiatischen Verbündeten, voran Tuschratta, die Kontinuität der ägyptischen Politik. Der neue König läßt sich, wie üblich, beim Opfer vor dem Reichsgott Amun darstellen, bevorzugt jedoch daneben eine Gottheit Aton, die er zunächst als Erscheinungsform des alten Sonnengottes Re-Harachte verehrt. Diesen Aton hatten bereits Thutmosis IV. und Amenophis III. in der Sonnenscheibe göttlich verehrt, doch macht sich im Wesen des neuen Königs bald eine hartnäckige, zur Übersteigerung neigende Konsequenz bemerkbar, die aus schon vorhandenen Gedanken und bildhaften Vorstellungen Zündstoff für eine umfassende Revolution formt.

Der Verlauf dieser Revolution, die nacheinander die Gebiete der Kunst, der Verwaltung und der Religion ergreift, läßt eine sorgfältige Planung erkennen und zeigt, daß Echnaton alles andere als ein „religiöser Schwärmer“ gewesen ist. Im 4. Jahr des Königs (1361) wird der Hohepriester des Amun, dessen politische Macht schon Thutmosis IV. eingeschränkt hatte, an der Spitze einer Steinbruchexpedition in die Ostwüste geschickt und damit vom Geschehen in der Hauptstadt für eine Weile ferngehalten. Vielleicht benutzt der König diese Frist, um in der Ausgestaltung des Tempels, den er dem Aton in Karnak errichtet hatte, seine revolutionären Vorstellungen erstmals zu verwirklichen. Die Statuen und Reliefs dieses Tempels sprechen mit ihrem Expressionismus, der vor abstoßender Häßlichkeit nicht zurückschreckt, dem bisherigen ästhetischen Empfinden der Ägypter Hohn. Mit der Folgerichtigkeit, die alle seine Handlungen auszeichnet, läßt der König sich als „Vater und Mutter“ seiner Untertanen darstellen, was Pharao als Vertreter des Schöpfergottes auf Erden schon immer gewesen war, ohne daß man gewagt hätte, den König deshalb als Fruchtbarkeitsgott mit weiblichen Zügen darzustellen. Diese Kühnheit der bildlichen Gestaltung zeichnet auch sonst die Künstler der Amarnazeit aus. Beseelt von dem Gefühl, daß alles auch im Bilde sagbar ist, schufen sie eine ganze Reihe bleibender Symbole, von denen der Uroboros, die sich in den Schwanz beißende Schlange, bis heute fortlebt. Die monumentale Übersteigerung, wie sie die Zeit Amenophis' III. geprägt hatte, wird vorübergehend wieder durch kleinere, menschlichere Formen und Maße ersetzt.

Zugleich mit diesen politischen Maßnahmen und der Prägung des neuen Kunststiles ändert Amenophis IV. die Erscheinungsform und Bezeichnung des von ihm verehrten Sonnengottes. An die Stelle des falkenköpfigen Re-Harachte-Aton tritt das Bild der „Strahlensonne“. Auch damit verwirklicht der König ein seit langer Zeit literarisch geprägtes Bild: die Strahlen der Sonne umfangen schützend und lebenspendend alle Wesen. In den

Kolossen von Karnak ist Gott als Allschöpfer, in der „Strahlensonne“ als Allerhalter gemeint und dargestellt. Als Allherrscher feiert er eigene Sedfeste und erhält eine ausgeklügelte Titulatur, die in zwei Königskartuschen eingeschlossen wird. Von einer Verfolgung anderer Gottheiten ist zunächst nichts zu spüren, doch tritt die Strahlensonne als neuer Reichsgott an die Stelle Amuns.

Für die Werkstätten des Palastes wird der neue Stil Gesetz. Nach ihm müssen sich künftig auch die Beamten in ihren Privatgräbern richten, voran der Wesir Ramose, der sich noch im Amte befindet, aber wenig später zusammen mit den anderen hohen Beamten, die Amenophis IV. von seinem Vater übernommen hatte, seines Postens enthoben wird. Der König umgibt sich mit einer neuen Beamtenschaft, die zum großen Teil aus den unteren Schichten des Volkes und aus dem Ausland stammt, vom König aus einem „Nichts“ zu einflußreicher Stellung „aufgebaut“ wird und ihm in devotesten Formen ergeben ist; niemals haben ägyptische Beamte den Rücken so tief vor ihrem Herrn gekrümmt, wie in den Darstellungen der Amarnazeit. Mit diesem Schritt hat Amenophis IV. die politische Macht in Händen, um die sorgfältig geplante Umgestaltung des Staates und der Religion gegen jeden Widerstand zu verwirklichen. Dazu gehören vor allem die Gründung einer neuen Residenz auf unberührtem, „keinem Gott und keiner Göttin gehörendem“ Boden und die Änderung des königlichen Geburtsnamens. Beide Maßnahmen sind in der ägyptischen Geschichte ohne Beispiel und mußten jeden, der sich einer ehrwürdigen Tradition verpflichtet fühlte, mit Bestürzung erfüllen. In Mittelägypten, beinahe halbwegs zwischen Memphis und Theben, hatte der König einen Ort für seine neue Hauptstadt ausgesucht, der nach dem Namen eines modernen Beduinenstammes meist El-Amarna genannt wird. Dort wurde in seinem 6. Regierungsjahr der Stadtbezirk durch Grenzsteine abgesteckt, doch konnte die Übersiedlung des Hofes wohl erst am Ende des nächsten Jahres erfolgen (1357 v. Chr.), nachdem die ersten Paläste, Tempel und Wohnquartiere fertiggestellt waren. Kurze Zeit vorher hat der

König seinen bisherigen Geburtsnamen Amenophis („Amun ist gnädig“) in Echnaton („Dem Aton wohlgefällig“) geändert und die allgemeine Erneuerung durch ein vorzeitiges Sedfest gefeiert. Es scheint, daß „Der Horizont des Aton“, wie El Amarna ägyptisch heißt, nur dem engeren Hofstaat des Königs als Aufenthalt und dem Gott Aton als Kultort dient, während ein großer Teil der staatlichen Verwaltung in den bisherigen Zentren Memphis und Theben bleibt.

Sobald sich der Königshof in der neuen Residenz niedergelassen hat, beginnt Echnaton mit schon erprobter Konsequenz die Spuren der Vergangenheit auszutilgen. Kolonnen von Bilderstürmern schwärmen über das Land aus, bis zum fernen Soleb in Obernubien; wo immer ihnen der Name des Amun begegnet, wird der Meißel angesetzt, selbst auf der Spitze von Obelisken, unter der Vergoldung von Säulen und in Keilschriftbriefen der Archive. Weniger systematisch werden die Namen anderer, vor allem tiergestaltiger Gottheiten getilgt; zuweilen fällt selbst das Zeichen für „Götter“ der Glaubenswut zum Opfer. Unbekannt ist das Schicksal der bisherigen Tempel, ihrer Priesterschaft und ihres gewaltigen Vermögens; ihre kultischen Aufgaben sollten von Heiligtümern des neuen Gottes übernommen werden, die u. a. in Memphis und in Nubien begonnen wurden. Die religiöse Revolution kann mit dem 9. Jahre des Königs (1356/55) als abgeschlossen gelten. Damals erhielt der Staatsgott Aton eine neue Titulatur, aus der die alten Götternamen Harachte und Schu entfernt waren; in Zukunft sollten Re und Aton die einzig gültigen Namen Gottes sein. Damit hat Echnaton einen Monotheismus von der Konsequenz des Islam verwirklicht. Zugleich ist er vom „Hohenpriester des Re-Harachte“, wie er sich zu Beginn seiner Regierung bezeichnet hat, zum Verkünder einer neuen Lehre und zum alleinigen Mittler zwischen Gott und den Menschen geworden. Seine Anhänger beten vor Hausaltären, welche die Königsfamilie unter der Strahlensonne zeigen, und betonen in ihren Grabinschriften die persönliche Unterweisung durch den König, der als Einziger das Wesen Gottes kennt. So könnte man die Amarna-Religion mit der knappen Formel kennzeichnen: „Es ist kein Gott außer Aton, und Echnaton ist sein Prophet.“

Die intimen Darstellungen der Königsfamilie in der Öffentlichkeit können nicht über die vertiefte Kluft zwischen dem königlichen Propheten und seinen Untertanen hinwegtäuschen. Sie kommen der gefühlsbetonten Zeit entgegen und sollen deutlich machen, daß die zärtliche Liebe zwischen den Menschen ein Werk Atons und ihm wohlgefällig ist; so dienen sie der Propaganda für die neue Lehre. Leben, Licht und Liebe soll Aton verkörpern, die Nachtseiten der Wirklichkeit sind in Echnatons religiösem Weltbild leere Stellen. Sein Blick sieht, nur auf die Güte Gottes gerichtet, an seiner Furchtbarkeit vorbei. Mit ihrer Hingabe an die lichten, heiteren Aspekte des Daseins macht die Amarnazeit den Eindruck einer Idylle, die sie zweifellos nicht gewesen ist. Trotz der betonten Ergebenheit seiner Beamten hat die aus ausländischen Söldnern gebildete Polizeitruppe Echnatons oft genug eingreifen müssen, und während die Gedanken des Königs liebevoll dem universalen Wesen seines Gottes nachforschen, wird das ägyptische Weltreich in seinen Grundfesten erschüttert.

Bei der späteren Aufgabe der Hauptstadt ließ die Asienabteilung von Echnatons Außenministerium einen Teil ihrer abgeschlossenen Vorgänge zurück. Der leider nicht vollständig gelungenen Rettung dieses Archivs verdanken wir ein lebendiges Gesamtbild der Ereignisse in Syrien und Palästina zwischen 1370 und 1350 v. Chr., doch tragen die in Keilschrift geschriebenen Briefe und Briefentwürfe keine Daten, so daß die genaue Abfolge der Ereignisse schwer wiederherzustellen ist. Deutlich ist, daß die Fronten in Syrien mit Echnatons Thronbesteigung wieder in Bewegung geraten und daß Amurru unter seinem Fürsten Aziru erneut der Unruhestifter ist. Die Notrufe der wenigen treuen Stadtfürsten verhallen ungehört, und in Aitakama von Kadesch, der die hethitische Partei ergreift, erwächst ihnen ein neuer gefährlicher Gegner. Bald greift die allgemeine Unruhe von Syrien auf Palästina über, wo es sich allerdings mehr um Machenschaften einzelner Stadtfürsten und um Übergriffe räuberischer Banden (Chapiru) handelt. Schlimmer ist der Verlust der nördlichen Hafenstädte, der die Ägypter ihrer Nachschubbasen beraubt; Ugarit tritt auf die hethitische Seite, Byblos geht nach der Vertreibung des treuen Ribaddi zu Aziru über. Dieser wird gezwungen, sich mit den überlegenen Hethitern zu arrangieren. Mit der Eroberung von Aleppo und Alalach und der Oberhoheit über Aziru und Aitakama ist der Hethiterkönig Subbiluliuma Herr von Syrien, nur Damaskus bleibt auf ägyptischer Seite. Das Mitannireich, der wichtigste Verbündete Ägyptens, ist damit isoliert und hat nach der Ermordung Tuschrattas seine Rolle als Großmacht ausgespielt. Dieser gefährlichen Entwicklung schaut Echnaton, bis auf eine Vorladung Azirus an den Königshof, tatenlos zu. Während Amenophis III. den Staatsschreiben nach Asien eine persönliche Note verliehen hatte, überläßt sein Sohn die Außenpolitik seinen Beamten.

Da ihm seine Hauptgemahlin Nofretiti bis dahin nur sechs Töchter, aber keinen Sohn geboren hat, entschließt sich Echnaton um 1351 v. Chr., seinen jungen Verwandten Semenchkarê zum Mitregenten und Schwiegersohn zu erheben und damit die Thronfolge zu sichern. Etwa gleichzeitig wird Nofretiti gestorben oder in Ungnade gefallen sein, da ihr Name auf einigen Denkmälern durch den der Kronprinzessin Meritaton ersetzt wird. Später hat Echnaton, dem Beispiele seines Vaters folgend, zwei seiner Töchter zu Königinnen erhoben. Gegen das Ende seiner Regierung muß der König das Scheitern seiner Revolution gefühlt haben. Er versucht, entgegen seiner bisher gezeigten Konsequenz in einen Kompromiß auszubiegen, und schiebt zu diesem Zwecke seinen Mitregenten vor. Semenchkarê läßt in Theben einen Totentempel errichten, der zugleich dem Amun geweiht ist; damit beginnt eine etwa fünfjährige Übergangszeit, in der Amun und Aton in Theben wie in El-Amarna nebeneinander verehrt werden. Die radikale Verfolgung hatte die alten Götter des Landes nicht ausrotten können, selbst unter den Beamten Echnatons hielt sich ihre Verehrung; nun durfte man ohne Furcht vor königlichen Spionen wieder zu Amun und Osiris beten.

Bald darauf sind Echnaton (Anfang 1347 v. Chr.) und Semenchkarê gestorben. Ihr Nachfolger wird Tutanchaton (1347—1338), der vielleicht ein Bruder des Mitregenten und ebenfalls Schwiegersohn Echnatons ist. Für den neuen König, der noch ein Knabe ist, führt der „Gottesvater“ Aja die Regentschaft; nachdem er bereits unter Echnaton einflußreichster Ratgeber gewesen war, bestimmt dieser Mann nun die Politik des folgenden Jahrzehntes, die auf eine allmähliche, nicht gewaltsame Restauration hinausläuft. Die Residenz bleibt für weitere zwei Jahre in El-Amarna, erst 1345 wird sie nach Memphis verlegt. Die Amunstadt Theben ist niemals wieder Hauptstadt Ägyptens geworden, und das Restaurationswerk Ajas und Haremhabs kann daher schwerlich als Reaktion der Amunpriesterschaft gedeutet werden. Von Memphis aus erläßt der junge König, der sich jetzt Tutanchamun nennt, sein Restaurationsedikt, das die Übergangszeit und damit die kurze, aber inhaltsreiche Episode von Amarna endgültig beendet. Aton wird nicht mehr genannt, aber auch nicht verfolgt, sein Andenken verblaßt.

Auf vielen Gebieten wirkt die Amarna-Episode weiter. Die Umgangssprache des Neuen Reiches (Neuägyptisch) ist seit Echnaton Schriftsprache und bringt in der Ramessidenzeit eine reiche Erzählliteratur hervor; für religiöse Texte verwendet man jedoch bis zum Ausgang der ägyptischen Kultur das ältere Mittelägyptisch. Der Weltgott-Charakter des Aton, der nach Echnatons Überzeugung auch die anderen Menschenrassen geschaffen, ihre Sprache und ihr Wesen unterschieden hat, geht auf andere Götter über; im Pfortenbuch, das jetzt als neuer königlicher „Jenseitsführer“ (s. S. 75) gedichtet wird, umsorgen Re und Horus Ägypter wie Ausländer als ihr „Kleinvieh“. Stärker noch wirkt die Kunst der Amarnazeit fort. Nachdem sie die anfänglichen Übersteigerungen schon in den späten Jahren Echnatons aufgeben konnte, erreicht sie unter seinen Nachfolgern, von dogmatischen Vorschriften befreit, ihren reifsten Ausdruck in der gelösten Wiedergabe von Bewegung und Gefühl. Berühmte Reliefs dieser späten Amarnakunst stammen aus den Gräbern der höchsten Beamten Tutanchamuns in Sakkâra, der alten Totenstadt von Memphis. Dort hat sich auch der „Generalissimus" Haremhab, neben Aja der mächtigste Mann im Staate, ein Grab vorbereiten lassen. Ihm gelingt es, die ägyptische Außenpolitik aus ihrer passiven Haltung herauszuführen; in Syrien leitet er einen Vorstoß gegen Kadesch, in Nubien einen kleineren Feldzug. Mehr als eine Sicherung der verbliebenen Stützpunkte war zunächst nicht zu erreichen. Indessen bemüht sich der junge König, den Kult der alten Götter im ganzen Lande wieder zu beleben. In Theben schmückt er die unfertige Kolonnade des Luxortempels mit Festszenen und läßt sich bei einem Staatsbesuch den „Tribut" der nubischen Provinzen vorführen, doch verliert die stolze Weltstadt weiter an Bedeutung. Außer dem Vizekönig Huja lassen sich jetzt nur noch Priester und kleinere Beamte in den Gräberbergen des Westufers bestatten; ihre Grabbilder geben die heitere Diesseitigkeit der 18. Dynastie auf und wenden sich in ernster, schlichter Frömmigkeit wieder dem Jenseits zu. Begräbnisstätte der fern im Norden regierenden Könige bleibt Theben noch 250 Jahre lang.

Als Tutanchamun, kaum erwachsen, im Winter 1338/37 v. Chr. stirbt, erhebt der tatsächliche Regent Aja Anspruch auf den Thron. In dieser Lage entschließt sich die verwitwete Königin Anchesenamun, eine Tochter Echnatons, zu einem kühnen Schritt; sie bietet dem gefährlichsten Gegner ihres Landes, dem Hethiterkönig Subbiluliuma an, einen seiner Söhne zum Gemahl und damit zum Herrscher Ägyptens zu erheben. Erkundigungen, die der vorsichtige König zunächst einzieht, lassen eine solche personelle Verbindung der beiden Großreiche als möglich erscheinen; der Prinz Zannanza wird nach Ägypten entsandt, aber auf dem Wege ermordet. Inzwischen hat dort Aja, vom militärischen Oberbefehlshaber Haremhab unterstützt, die Widerstände gegen seinen Thronanspruch ausschalten können. Er übernimmt das vorbereitete Königsgrab und den zugehörigen Totentempel für sich selbst und läßt die Mumie Tutanchamuns in einem kleinen, wohl für andere Verwendung geplanten Grabe bestatten, das die Fülle der üblichen Beigaben eines Königsbegräbnisses kaum fassen kann. Der Zufall hat gerade diese improvisierte Bestattung der staunenden Nachwelt fast unversehrt erhalten. Da Aja (1337—1333), schon hochbetagt, keinen männlichen Erben hat, bestimmt er den fähigen Generalissimus Haremhab als „Vertreter des Königs" zum Nachfolger. Dieser muß noch unter Ajas Regierung einen Rachefeldzug der Hethiter abwehren; der Tod des großen Subbiluliuma befreit Ägypten wenig später von seinem gefährlichsten Gegner.

Für die folgende Ramessidenzeit gilt Haremhab (1333—1306) als erster legitimer König seit Amenophis III., die Amarnakönige fallen wie Hatschepsut der Verfemung anheim. Diese nachträgliche Geschichtskorrektur hat die Forschung lange irregeführt. Haremhab selbst denkt an keine Austilgung der Amarnazeit; die Restauration, die er weiterführt, ist von Echnaton begonnen worden. Wenn er Tempel der Amarnazeit niederreißt und für eigene Bauten verwendet, so folgt er damit dem Beispiel früherer Könige. Seine Jahreszählung schließt an Aja an, und sein Reformwerk richtet sich gegen Mißstände in Verwaltung und Wirtschaft des Landes, gegen Korruption und Eigenmächtigkeit der Beamten, also gegen typische Probleme der Ramessidenzeit. Die Amunstadt Theben besucht der König nur einmal jährlich zum Opetfest, doch sorgt er durch großzügige Neubauten für den lange vernachlässigten Amuntempel von Karnak. Im Laufe seiner Regierung errichtet oder vollendet er dort drei neue Pylone und beginnt mit dem Bau des großen Säulensaales zwischen dem 2. und 3. Pylon; zumindest die gewaltigen, 21 m hohen Säulen des Mittelschiffes scheinen auf ihn zurückzugehen.

In Syrien kommt es um 1328 zu neuen Kämpfen mit den Hethitern, auf deren Seite wir noch einmal den alten Aziru (s. S. 97) finden. Dann tritt für eine Weile Ruhe ein, da auch die Gegner Ägyptens durch eine langdauernde Seuche und die ständigen Kämpfe ermattet sind. Zu seinem Nachfolger bestimmt Haremhab den erprobten Frontoffizier Paramessu, den er als Wesir und „Stellvertreter Seiner Majestät in Ober- und Unterägypten" mit einer ähnlichen Machtfülle ausstattet, wie sie ihm selbst von Tutanchamun und Aja verliehen worden war. Dieser Paramessu besteigt 1306 v. Chr. den Thron und begründet als Ramses I. (1306—1304) die 19. Dynastie. Erst jetzt, in den beiden folgenden Jahrzehnten, bemüht man sich, die Spuren der Amarnazeit zu tilgen, in den Tempeln die ausgehackten Götternamen wiederherzustellen und zugleich das Andenken der „Ketzerkönige" zu verfolgen, die aus den offiziellen Listen gestrichen werden.

Ramses' I. Regierung ist zu kurz, um wesentliche Spuren zu hinterlassen. Die Bauarbeiten am Säulensaal von Karnak, deren Leitung ihm als Wesir übertragen wurde, führt er als König weiter. Als er stirbt, kann die Krone zum erstenmal seit 60 Jahren wieder in direkter Erbfolge vom Vater auf den Sohn übergehen. Sethos I. (1304—1290), schon vor seiner Thronbesteigung der eigentliche Regent des Landes, fühlt sich als Begründer einer neuen Ära, einer „Wiederholung der Schöpfung"; dazu mag beigetragen haben, daß mit dem Zusammenfall von Sothisaufgang und Neujahrstag ein Ereignis in seine Regierung fällt, das sich nur alle 1460 Jahre wiederholt.

Wie erhaltene Abrechnungen aus den ersten Jahren Sethos' I. beweisen, hält sich der Königshof vorwiegend in Memphis auf, dazu gelegentlich in Heliopolis, Theben und auf Reisen im Ostdelta; dies letztere Gebiet, vielleicht die Heimat der 19. Dynastie, kündigt sich als neuer Schwerpunkt des Reiches an. In der Nähe der Hyksosstadt Auaris, beim heutigen Kantîr, errichtet der König eine Palastanlage, und der von den Hyksos verehrte, später verfemte Gott Seth kommt zu neuen Ehren. Sethos I., der wie sein Großvater nach diesem Gott genannt ist, hat als Kronprinz den Titel eines Hohenpriesters des Seth geführt. Damit tritt Seth neben Amun, Re und Ptah, die der Leidener Amunhymnus als göttliche Trinität verehrt; nach diesen vier großen Göttern werden jetzt die Armeekorps des ägyptischen Heeres benannt.

An ihrer Spitze bricht der König bald nach seiner Thronbesteigung zu einem ersten Asienfeldzug auf. Sein Ziel ist zunächst die Befriedung Palästinas, doch führt der Zug des Königs weiter zum Libanon und sichert damit das gesamte Hinterland für eine neue Auseinandersetzung mit den Hethitern. Die Rückgewinnung Syriens wird erst auf einem späteren Feldzug Sethos' I. mit einem erfolgreichen Angriff auf Kadesch und Amurru eingeleitet und dann von seinem Sohn fortgeführt. Am Westrand des Deltas muß der König einen Angriff der Libyer zurückschlagen. Hier ballt sich, ausgelöst durch eine Wanderbewegung von Berberstämmen, eine neue ernste Gefahr für Ägypten zusammen; neben den familiären und religiösen Gründen ist die Bedrohung von Memphis durch libysche Stämme vielleicht ein politischer Grund für die Verlegung der Königsresidenz.

Höhepunkte der regen Bautätigkeit des Königs haben in Abydos und Karnak die Zeit überdauert. An der heiligen Stätte des Totengottes Osiris hat Sethos I. ein Scheingrab (Kenotaph) als Nachbildung des mythischen Osirisgrabes errichtet; davor für seinen Totenkult und für den Kult von sechs Gottheiten einen Tempel, dessen scharfumrissene, wohlproportionierte Flachreliefs den kommenden Verfall der Kunst nicht ahnen lassen. In Karnak ist der von 134 Säulen gebildete Säulensaal nun vollendet; Sethos I. beginnt, ihn mit Reliefs und gemalten Ornamenten auszuschmücken und damit die erdrückende Wucht dieses steingewordenen Ursumpfes zu mildern. Die langen Korridore und zahllosen Kammern seines Felsgrabes im Tal der Könige enthalten, in bemaltem Flachrelief ausgeführt, eine Sammlung aller bedeutenden religiösen Texte dieser Zeit, darunter das eschatologische „Buch von der Himmelskuh" mit einem Bericht über die geplante Vernichtung und glückliche Rettung des Menschengeschlechtes. In einem anderen abgelegenen Wüstental erhält Sethos' I. Mutter Satrê ein Felsgrab; dies „Tal der Königinnen" wird zum Begräbnisplatz für die Königinnen und Prinzen der Ramessidenzeit.

Ramses II. (1290—1224) hat sich in seiner 66jährigen Regierungszeit, die nur von Phiops II. an Länge übertroffen wird, zu einem Pharao der Rekorde entwickelt. Seine Bautätigkeit ist an Umfang und kolossaler Größe ohne Beispiel. Als Feldherr tritt er hinter Thutmosis III. zurück, doch hatte er mit größeren Schwierigkeiten und Widerständen zu ringen als jener. Seine lange Regierung ist Fortsetzung und Vollendung, dagegen an originalen Schöpfungen arm. Selbst die mit seinem Namen so eng verbundene, in den Liedern der Zeit vielbesungene „Ramsesstadt" bei Kantîr im Ostdelta erweitert er aus Palast- und Wohnquartieren seines Vaters. Unter Mitwirkung der „Kinder Israel" läßt er dort eine Reihe von prächtigen Tempeln errichten und schmückt sie mit Sphingen, Obelisken und Statuen, von denen die meisten nicht neu hergestellt, sondern aus allen Teilen des Reiches herangeschafft werden. Dem Königshof, der von Memphis in die Ramsesstadt übersiedelt, folgen um 1270 die Spitzen der Verwaltung mit ihrer stark von Ausländern durchsetzten Beamtenschaft.

Ein erster Asienfeldzug des jungen Königs führt zum Anschluß Amurrus unter seinem König Bentesina an Ägypten, so daß sich das ägyptische Einflußgebiet wieder an Ugarit heranschiebt. Der Hethiterkönig Muwatallis wirft nun seine ganze militärische Macht in die Waagschale, um Amurru zurückzugewinnen. Bei der vielumkämpften Stadt Kadesch am Orontes erwartet er mit seinen Verbündeten und mit 3500 Streitwagen im Mai 1285 v. Chr. den ägyptischen Vormarsch von Süden her. Es gelingt ihm, Ramses II. in eine Falle zu locken und mit einem plötzlichen Angriff seiner Wagentruppe die eine Hälfte des Ägypterheeres zu zersprengen, während die andere Hälfte noch auf dem Marsch ist. Ramses kann zwar eine völlige Niederlage verhindern, muß seinen Vormarsch jedoch abbrechen und Amurru den Hethitern überlassen. Weitere Kämpfe in Syrien und im wieder unruhig gewordenen Palästina ziehen sich bis 1280 hin. Einige Jahre später nimmt der neue Hethiterkönig Hattusilis III. unter dem Druck des aufstrebenden Assyrerreiches Verhandlungen mit Ramses II. auf, die im November 1270 zum feierlichen Abschluß eines Friedens- und Bündnisvertrages führen. Der auf Silbertafeln ausgefertigte, in babylonischer und ägyptischer Abschrift erhaltene Vertrag beendet die kriegerische Auseinandersetzung der beiden Großmächte, verpflichtet sie zu gegenseitiger Waffenhilfe bei feindlichen Angriffen wie bei Aufständen und regelt die Auslieferung politischer Flüchtlinge. Der bisher in Ägypten nur „Feind von Hatti" genannte Hethiterkönig wird nun als „Großkönig der Hatti-Länder" anerkannt, muß sich aber später darüber beklagen, daß Ramses II. ihn „wie einen Untergebenen" behandle. Die Grenzziehung erfolgt auf der Basis des Status quo, wobei ein Teil von Amurru in ägyptischer Hand, Kadesch dagegen hethitisch bleibt.

Dieser erste erhaltene, offenbar nach hethitischem Recht abgeschlossene Staatsvertrag zwischen zwei Großmächten ist von beiden Seiten sorgsam eingehalten worden und gab ihnen Gelegenheit, sich gegen andere Gegner zu wenden. Das zunächst noch etwas kühle Verhältnis der beiden Vertragspartner sollte durch persönliche Beziehungen und Bindungen verbessert werden. Von ägyptischer Seite erwog man einen Staatsbesuch Hattusilis' in der Ramsesstadt, wobei Ramses seinem hohen Gast bis nach Kanaan entgegenkommen wollte. Vielleicht ist ein solcher Staatsbesuch, der für die alte Geschichte beispiellos ist, nur durch eine (diplomatische?) Krankheit des Hethiterkönigs verhindert worden. Es folgen wechselvolle Verhandlungen über eine dynastische Heirat, wie sie etwa ein Jahrhundert früher Amenophis III. mit Babylon und Mitanni geführt hat, diesmal aber als Doppelkorrespondenz mit dem hethitischen Königspaar. Hattusilis, der an einer Augenkrankheit leidet, erbittet für sich und für seine unfruchtbare Schwester ägyptische Ärzte und Heilmittel, die damals bereits in hohem Ansehen stehen. Für die dynastische Heirat einigt man sich endlich auf eine Tochter des Hethiterkönigs, die im Winter 1257/56 mit großem Gepränge nach Ägypten geleitet wird. Die offiziellen Berichte, die in vielen Tempeln des Landes das „wunderbare" Ereignis feiern, heben besonders hervor, wie sich Ägypter und Hethiter in gemeinsamen Gelagen verbrüdern; so wird die religiöse Überzeugung, daß der Sonnengott über allen Völkern leuchtet, vorübergehend politische Wirklichkeit und bricht uralte nationale Vorurteile gegen die „elenden Asiaten".

Später hat Ramses II. noch eine weitere Hethiterprinzessin in seinen Harîm aufgenommen, der wohl ebenso „international" zusammengesetzt war wie seine Beamtenschaft. Unter den ägyptischen „Großen Königsgemahlinnen" ragen Nofretiri und Isisnofret hervor. Nofretiri erhielt durch das schönste von den Gräbern im Tal der Königinnen und durch ihren Felstempel in Abu Simbel bleibende Denkmäler, während ihre Vorgängerin Isisnofret ein schmuckloses Grab im Tal der Könige erhielt. Zur Thronfolge aber hat Ramses II. die Söhne der Isisnofret bestimmt; auch seine Tochter Bintanat, die er wie Amenophis III. und Echnaton zur Gemahlin erhoben hat, ist ihm von der bevorzugten Königin geboren worden. Von den meisten der über fünfzig Söhne und Töchter des Königs kennen wir nur den Namen; geschichtliche Bedeutung hat neben dem Nachfolger Merenptah vor allem Chaemwêse erlangt, der im Gedächtnis der Nachwelt als Weiser und Zauberer fortlebt. Lange Jahre hat dieser Prinz als Hoherpriester des Ptah in Memphis gewirkt und Wiederherstellungsarbeiten an vielen Denkmälern des Alten Reiches geleitet, die jetzt als „Sehenswürdigkeiten" geschichtliches und ästhetisches Interesse erwecken. Eine der Kolossalstatuen des Königs, die Chaemwêse vor dem Ptahtempel aufstellen ließ, liegt noch im Palmenhain von Mîtrahîne inmitten der wenigen verstreuten Trümmer der einstigen Weltstadt.

Der Vertrag mit den Hethitern hat Ramses II. friedliche Jahrzehnte verschafft. Die Libyer werden durch eine Festungskette entlang der Mittelmeerküste in Schach gehalten, in Nubien bleibt die ägyptische Herrschaft noch lange gesichert. So kann die wirtschaftliche Macht des reichen Landes für die beispiellose Bauwut Ramses' II. eingesetzt werden. In Ägypten wie in Nubien gibt es kaum einen Ausgrabungsort, der nicht Denkmäler dieses Königs ans Licht gebracht hätte. Zu den eindrucksvollsten erhaltenen Zeugen zählen die beiden Felsentempel von Abu Simbel und die thebanischen Bauten; in Karnak vollendet der König den Reliefschmuck des Säulensaales, dem Luxortempel Amenophis' III. schenkt er einen neuen Hof und einen abschließenden Pylon, und auf dem Westufer entsteht als sein Totentempel das Ramesseum. Während seine frühen Denkmäler noch an den reifen, eleganten Stil seines Vaters anknüpfen, tritt mit zunehmender Quantität und Steigerung ins Kolossale eine Vergröberung ein. An den ramessidischen Säulen läßt sich die Entwicklung von eleganter Schlankheit zu plumper Masse deutlich ablesen; das Flachbild bevorzugt immer mehr die Technik des versenkten Reliefs, das leichter herzustellen ist und zugleich stärkere plastische Wirkung erzielt. Die der Außenwelt zugewandten Tempelwände überziehen sich mit monumentalen Schlachtbildern; der Sieg über die Feinde, der politisch immer schwerer zu erringen ist, soll damit kultische Dauer erhalten. Zugleich bezeugen diese Darstellungen wie die literarischen Schlachtberichte, daß der König sich auch in seinen geschichtlichen Taten unter den Willen und die Lenkung Gottes beugt.

Der 14. Sohn Ramses' II., Merenptah (1224—1204), ist zur Nachfolge seines fast 90jährigen Vaters berufen und hat vermutlich schon vor dessen Tod die Regierungsgeschäfte geführt. Als König zieht er Memphis der neuen, von Sumpfland umgebenen Deltaresidenz vor und errichtet beim Ptahtempel eine bedeutende Palastanlage; die alte Hauptstadt, der er zu neuem Glanze verhilft, behält ihn in dankbarer Erinnerung und verehrt noch in ptolemäischer Zeit zwei Statuen des Königs. Auch ein eigener Totentempel und vermutlich ein Scheingrab (Kenotaph) werden für Merenptah in Memphis errichtet. Dagegen bleibt das eigentliche Königsgrab weiterhin in Theben und wird in jeder Regierungszeit um neue Elemente erweitert, da zur Rolle Pharaos auch die ständige „Erweiterung des Bestehenden" gehört.

Mit den einstigen Gegnern in Asien, den Hethitern, Ugarit und Amurru, steht Ägypten weiterhin in freundschaftlichem Verkehr. Zu Beginn seiner Regierung unterstützt Merenptah das von einer Hungersnot heimgesuchte Hethiterreich mit Getreidelieferungen; doch sollte eine neue Gefahr, welche jetzt heraufzieht, wenig später die asiatischen Verbündeten hinwegfegen und Ägypten in seiner Existenz bedrohen. Schon in der Amarnazeit hatten die Scherden, die später Sardinien den Namen gegeben haben, die östlichen Küsten des Mittelmeeres erreicht und traten als Söldner in ägyptische Dienste. Hinter ihnen kam, von Gebieten am Schwarzen Meer ausgehend, eine Welle weiterer „Seevölker", unter ihnen die Schekelesch (später in Sizilien), Luka (Lyker) und Turscha (Etrusker?). Im Frühjahr 1219 v. Chr. vereinigen sich diese kriegstüchtigen Nordleute mit libyschen Stämmen, die mit Weib und Kind auf der Wanderschaft sind, zu einem gemeinsamen Angriff auf Ägypten. Im Westdelta treten ihnen die Generäle Merenptahs entgegen und können sie in einer mörderischen Schlacht, welche die Feinde angeblich über 8000 Gefallene kostet, nahe bei Buto zurückschlagen. Auf der „Israelstele", die diesen Sieg feiert, erscheint unter den Gebieten und Völkern, die Ägypten beherrscht, neben Kanaan, Askalon und Gezer erstmals auch ein Stamm „Israel".

Merenptah zeichnet sich wie sein Vater als Usurpator älterer Denkmäler aus, da die schweren Kämpfe gegen Libyer und Seevölker wenig Kräfte für Steinbruchexpeditionen übriglassen. Am schwersten wird der gewaltige Totentempel Amenophis' III. hinter den Memnonkolossen betroffen, der die Blöcke für den Totentempel Merenptahs liefern muß.

Gegen seinen Sohn und Nachfolger Sethos II. empört sich der nubische Vizekönig Messui, auch er ein Mitglied des Königshauses. Nach längeren Kämpfen gelingt es ihm, für einige Zeit Oberägypten zu besetzen und als Amenmesse eine flüchtige Königsherrschaft auszuüben, bis er beim weiteren Vordringen nach Norden besiegt wird; sorgfältig läßt Sethos II. die Inschriften des Grabes tilgen, das der Usurpator sich im Tal der Könige anlegen ließ. Ägypten ist damit in den entscheidenden Jahren um 1200 v. Chr., als die Seevölker das Hethiterreich, Ugarit, Amurru und Cypern überschwemmen, durch innere Wirren geschwächt und kann seinen asiatischen Bündnispartnern keine Hilfe leisten. Die asiatische Küste wird bis nach Haifa und

Akko von den Seevölkern verwüstet, doch ist der alte ägyptische Stützpunkt Byblos offenbar nicht betroffen, und auch Südpalästina bleibt noch für eine Weile in ägyptischer Hand. Die wirkliche Macht liegt während dieser Zeit in den Händen einer Frau, der Königin Tausret, die zunächst an der Seite ihres Gatten Sethos II. regiert, dann für Siptah, der noch ein Kind und wahrscheinlich ein Sohn von Sethos II. ist. Wie Hatschepsut nimmt Tausret schließlich eine Königstitulatur an, schließt ihre Regierungsjahre an den Tod Sethos' II. an und regiert nach dem frühen Tode des jungen Siptah noch etwa zwei Jahre allein (1188—1186). Als regierender Pharao hat sie sich im Tal der Könige ein Felsgrab vorbereiten lassen, das in eigentümlicher Weise Elemente eines Königs- mit denen eines Königinnengrabes vereint. Daneben wurde ein kleineres Grab für ihren allmächtigen Günstling, den Kanzler Bai (Bîja), angelegt. Dieser ist ausländischer, wohl syrischer Herkunft und bezeichnet sich in Inschriften glaubhaft als Königsmacher und eigentlichen Regenten dieser Zeit. Dazu paßt die Erwähnung eines syrischen Usurpators (Arsu) im Großen Papyrus Harris (s. S. 112), doch entspringt die dortige Schilderung einer Anarchie im übrigen der Forderung des Geschichtsbildes, daß vor einer neuen Dynastie und ihrer Wiederholung der Schöpfungszeit das Chaos herrschen muß. In der politischen Wirklichkeit überdauern die meisten Beamten den Dynastiewechsel und garantieren so eine kontinuierliche Verwaltung.

Die Herkunft des Dynastiegründers Sethnacht (1186—1184) ist unbekannt. Alle seine Nachfolger tragen den Geburtsnamen Ramses, und auch kulturell setzt sich die „Ramessidenzeit" bis ans Ende dieser 20. Dynastie fort. Sethnachts Sohn Ramses III. (1184—1153) ist die letzte bedeutende Herrschergestalt des Neuen Reiches. Er fühlt sich jedoch als Epigone und orientiert sich am Vorbild Ramses' II., dessen Thronnamen und Totentempel er kopiert; sogar die Darstellung der Schlacht von Kadesch gegen die inzwischen untergegangenen Hethiter läßt er nachbilden, obgleich er gerade als Feldherr seinen Vorgänger übertrifft. Noch einmal brandet in seiner Zeit die doppelte Wanderbewegung der Libyer und der Seevölker gegen die Grenzen Ägyptens. Daß Ramses III. dieser Gefahr Herr werden konnte, ist seine geschichtliche Leistung, die dem Lande mehr als zwei Jahrhunderte der Fremdherrschaft erspart hat. Zum Glück erfolgten die Angriffe der beiden Machtgruppen diesmal getrennt. Die vom Westen vorstoßenden Libyer werden 1180 und 1174 v. Chr. vernichtend geschlagen, die landhungrigen Scharen der inzwischen durch Philister, Teukrer und andere neue Stämme verstärkten Seevölker 1177 in den Nilmündungen des Deltas aufgerieben; ein gleichzeitiger Vorstoß zu Lande kann in Syrien oder Nordpalästina abgefangen werden. Die zahllosen Kriegsgefangenen dieser drei Schlachten werden teils als willkommene Söldner in das ägyptische Heer eingereiht, teils geschlossen in bedrohten Teilen des Reiches angesiedelt. So erhalten die Philister Wohngebiete um Gaza und Askalon, damit sie die ägyptische Nachschubstraße in Palästina gegen Überfälle verteidigen. Die Libyer werden in Unter- und Mittelägypten in Militärkolonien angesiedelt und rasch in die ägyptische Kultur eingeschmolzen, die das bunte Völkergemisch des Landes als verbindende Klammer zusammenhält.

In den späteren Jahren Ramses' III. scheint es an den ägyptischen Grenzen ruhig zu bleiben. Der Baueifer des Königs hat vom Delta bis nach Soleb Spuren hinterlassen, und auf thebanischem Boden sind drei seiner Tempel noch gut erhalten: der kleine Stationstempel in Karnak, südlich davon der Chonstempel, den erst seine Nachfolger vollendet haben, und auf dem Westufer der gewaltige, als Festung ausgebaute Totentempel von Medinet Habu, an den sich der thebanische Absteigepalast des Königs anschloß. Nach den erfolgreichen Abwehrschlachten gegen Libyer und Seevölker haben Ramses III. und seine Nachfolger immer mehr mit innenpolitischen Schwierigkeiten zu kämpfen. In den schriftlichen Quellen dieser Zeit häufen sich Klagen über Eigenmächtigkeiten von Beamten, über ausbleibende Besoldung und wirtschaftliche Not: die Preise steigen in kurzer Zeit um mehr als das Fünffache. Insbesondere sind es

Papyri und Ostraka (beschriebene Ton- und Steinbruchstücke) aus der „Arbeiterstadt“ Deir el-Medîne, die seit Ramses II. einen tiefen Einblick in die Alltagsprobleme und in die wachsende Not des „gehobenen Proletariats“ vermitteln. In dieser von der Außenwelt abgeschirmten Siedlung wohnten die Künstler und Handwerker, die am Bau und an der Ausgestaltung der königlichen und privaten Grabdenkmäler des thebanischen Westufers gearbeitet haben, mit ihren Familien. Ihre religiöse Haltung ist, wie die zeitgenössische Weisheitslehre des Amenemope, von demütiger Frömmigkeit bestimmt, die sich in den unerforschlichen Willen Gottes schickt und ihm als Nothelfer vertraut. Wirtschaftlich aber sind sie auf Versorgung durch den Staat, für den sie arbeiten, angewiesen; ihre Lage beginnt sich unter Ramses III. zu verschlechtern und bildet eine Quelle stetiger Sorge für den zuständigen Wesir Ta. Im November 1156 v. Chr., als die Entlohnung mit Naturalien bereits zwei Monate im Rückstand ist, streiken die Arbeiter und veranstalten einen Protestmarsch zum Verwaltungssitz im Ramesseum. Ähnliche Arbeiterunruhen bringt die Folgezeit noch oft, da Unfähigkeit und Korruption die wirtschaftliche Versorgung immer wieder gefährden. Mit Erfolg versuchen die Beamten, durch private Stiftungen zugunsten des Königs Teile ihres Vermögens der Steuer zu entziehen.

Widerstand und Unruhe gibt es auch am Hofe und in der Verwaltung. Kurz vor dem Arbeiterstreik läßt der König einen der beiden Wesire absetzen, fällt aber bald darauf einer Verschwörung zum Opfer. Im Frühjahr 1153 verbindet sich die Königin Teje mit einer Reihe von höheren Beamten, unter denen sich viele Asiaten befinden, um ihren Sohn Pentaweret auf den Thron zu bringen. Es gelingt den Verschwörern, den König während eines Aufenthaltes in Medinet Habu zu beseitigen, aber wie bei der Ermordung Amenemhâts I. (s. S. 52) kann sich der rechtmäßige Thronfolger durchsetzen und als Ramses IV. (1153—1146) den Thron besteigen. In einem Prozeß, über den uns ein offizieller Bericht erhalten ist, werden die Verschwörer von einem Sondergericht abgeurteilt; den vornehmsten unter ihnen gestattet man den Selbstmord, die Mitläufer werden zum Abschneiden der Nase und der Ohren verurteilt. Zu seiner Thronbesteigung erläßt der neue König ein Manifest, das der Große Papyrus Harris überliefert. Er bestätigt darin die Schenkungen, die sein Vater den Tempeln des Landes, vornehmlich den thebanischen, zukommen ließ, darunter ein Zehntel des gesamten anbaufähigen Bodens. Da Ramses III. auch seine Söldner mit Landbesitz entschädigen mußte, werden die wirtschaftlichen Möglichkeiten des Königtums immer bescheidener. Trotzdem nimmt Ramses IV. große Bauvorhaben in Angriff und entsendet ein Expeditionskorps von über 8000 Mann in die Steinbrüche des Wâdi Hammamât. Sein früher Tod läßt die ehrgeizigen Pläne unvollendet, und mit seiner Grabanlage beginnt eine Abkehr von der bisherigen Tendenz, die Königsgräber fortlaufend um neue Elemente zu erweitern.

Es folgen Ramses V. (1146—1142), der jung an den Pocken stirbt, und der schon ältere Ramses VI. (1142—1135), der wohl ein weiterer Sohn Ramses' III. ist. Beide bauen an einem ausgedehnten Felsgrab im Tal der Könige, dessen Wandschmuck noch einmal alle Unterweltsbücher und eine Fülle von anderen religiösen Texten aufnimmt; an dem groben, versenkten Relief läßt sich der künstlerische Verfall seit Sethos I. deutlich ablesen. Die immer noch beträchtliche Ausdehnung des Reiches wird durch eine Statuenbasis Ramses' VI. in Megiddo und durch Kartuschen des Königs im Tempel von Kawa, südlich des 3. Katarakts, gekennzeichnet. Da inzwischen im ganzen Vorderen Orient die Eisenzeit begonnen hat, geht die Bedeutung der Kupferminen als Ziel ägyptischer Expeditionen jetzt zurück; damit verlieren auch die letzten ägyptischen Stützpunkte in Südpalästina ihren strategischen Wert und können in den folgenden Jahrzehnten aufgegeben werden.

Die lange Regierung Ramses' IX. (1127—1109) ist von wirtschaftlichen und politischen Schwierigkeiten erfüllt. Symptomatisch sind die Grabräubereien in der thebanischen Nekropole, die lange Zeit stillschweigend geduldet werden; als es endlich zur gerichtlichen Untersuchung kommt, zeigt sich eine unglaubliche Korruption und Nachlässigkeit der Verwaltung bis in ihre Spitze hinein. Kein Wunder, daß sich die Satire, die der Ägypter immer geliebt hat, in dieser späten Ramessidenzeit in bitteren Hohn und Spott verwandelt und vor dem Königtum wie vor den Gottheiten nicht haltmacht. Unter Ramses X. (1109—1099) legen die aufgebrachten Nekropolenarbeiter erneut die Arbeit nieder; das Tagebuch der Totenstadt notiert ihre Klage („Wir sind schwach und hungrig, denn wir erhalten die Rationen nicht, die Pharao uns gibt") und dazu den „klassenkämpferischen" Ausruf eines Arbeiters: „Der Wesir soll die Bretter selber tragen!" Doch erreichen sie mit ihrem Streik nicht viel, da der Wesir und sein König nur noch geringe Macht in Händen halten, während der Hohepriester des Amun und der Vizekönig von Kusch immer selbständiger werden und sogar die Vererbung ihres Amtes durch mehrere Generationen erreichen. Damit tritt der Süden des Reiches, der politisch so lange ein Schattendasein geführt hatte, wieder stärker hervor und entwickelt sich zu einem Staat im Staate. Energische politische und militärische Führung sind hier besonders notwendig, da die Libyer ihre Einfälle in das Niltal jetzt bis nach Theben ausdehnen.

Der letzte Ramesside, Ramses XI. (1099—1070), kann trotz neuer Anstrengungen den inneren Zerfall des Reiches nicht aufhalten. Die trostlose Wirtschaftslage und daraus folgende Hungersnöte führen um 1090 in Theben zum Aufstand gegen den Hohenpriester Amenhotep und nach seinem Sturz zu einem monatelangen Bürgerkrieg. Der Vizekönig von Kusch, Panehsi, stellt im Auftrage des Königs die Ordnung wieder her und muß auch in Mittelägypten mit Waffengewalt eingreifen. So kommt der größte Teil Ägyptens unter die Herrschaft einer Militärdiktatur, die sich auf die bewährten nubischen Söldner stützen kann. Panehsi muß allerdings 1082 wieder aus Theben weichen und sich in seinen früheren Amtbezirk zurückziehen, wo er bald darauf stirbt. Der neue Herr Oberägyptens ist der Hohepriester Herihor, der nun zusätzlich die Titel eines Vizekönigs von Kusch und eines „Generalissimus von Ober- und Unterägypten" annimmt. Im 19. Jahre des Königs (1081 v. Chr.) führt er eine Ära der „Wiedergeburt" ein und versucht in einer Reihe von Strafprozessen, die Mißstände in der Thebais zu beseitigen und sein Erneuerungsprogramm zu verwirklichen. Er kann sich dabei auf die Autorität des Königs stützen, der im 2. Jahre der neuen Ära aus seiner nördlichen Residenz noch einmal nach Theben kommt.

Ramses XI. hat um diese Zeit auch im Norden des Reiches die wirkliche Macht in andere Hände legen müssen. Der thebanische Beamte Wenamun, der vom Libanon Bauholz für die Prozessionsbarke des Amun holen soll, erwähnt in seinem abenteuerlich ausgeschmückten Reisebericht schon für das Jahr 1077 Smendes und die Königin Tentamun als eigentliche Regenten Unterägyptens. Sein Bericht zeigt ferner, daß Byblos seit mindestens einer Generation von Ägypten unabhängig ist; es orientiert sich nach einer neuen Weltmacht und entrichtet dem Assyrerkönig Tiglatpilesar I. (1115—1076), der bis zum Libanon vorstößt, zusammen mit Sidon und Arwad Tribut. Die Zeit des ägyptischen Weltreiches ist endgültig vorüber.

DIE SPÄTZEIT

Beim Tode des letzten Ramessiden fällt die Doppelkrone der Pharaonen ohne sichtbare Schwierigkeit Smendes (1070—1044) zu, der die 21. Dynastie begründet. Seine Herkunft ist dunkel, doch war er sicher mit dem Königshaus verschwägert. Es beginnt nun eine Übergangszeit zwischen dem Neuen Reich und der eigentlichen „Spätzeit", die neuerdings gern als „Dritte Zwischenzeit" bezeichnet wird. Sie bringt eine neue Isolierung Ägyptens. Die asiatischen Gebiete sind verloren, und bald entgleiten auch Nubien und die Ostwüste mit ihren Goldminen der ägyptischen Autorität; mit Herihors Nachfolger Pianch erlischt der Titel eines „Vizekönigs von Kusch". Im Gegensatz zu früheren „Zwischenzeiten" bleibt jedoch die staatliche Einheit formal gewahrt. In Oberägypten wird stets nach Regierungsjahren der „tanitischen" Könige datiert, und wenn die Hohenpriester gelegentlich den Königstitel führen, so tun sie dies offenbar mit Billigung der rechtmäßigen Herrscher im Norden; von einer „Doppelmonarchie" kann in dieser Zeit keine Rede sein, Smendes wird selbst in Theben als letzte politische Autorität anerkannt. In der Praxis bleibt die Thebais eine Militärdiktatur des Hohenpriesters, theoretisch aber ist sie ein „Gottesstaat", in welchem der allgewaltige Götterherr Amun durch Orakelentscheidungen alles Geschehen lenkt, bis hin zur Aufklärung von Verbrechen und zur Einsetzung von Beamten. „Amun ist der König" — so wird das neue Dogma auch in Tanis im Thronnamen eines Königs formuliert. Damit tritt das Königtum seine Verantwortung für den Lauf der Welt endgültig an Gott ab und krönt damit eine Entwicklung, die sich über Amarna- und Ramessidenzeit fortlaufend verfolgen ließ.

Die neue Dynastie bemüht sich, die Traditionen der Ramessidenzeit fortzuführen. Ihre Residenzstadt Tanis liegt in unmittelbarer Nähe der „Ramsesstadt“, und „Ramses“ wird für sie ein ähnlicher Ehrentitel wie später „Caesar“. Dagegen orientieren sich die thebanischen Machthaber an der 18. Dynastie, die Theben zur Weltstadt gemacht hatte. Die Beziehungen zwischen den beiden Zentren des Landes bleiben eng und freundschaftlich. König Psusennes I. (um 1040—990) ist vielleicht ein Sohn des Hohenpriesters Pinudjem I. (um 1070—1055) und einer ramessidischen Prinzessin; auch sonst sind die Dynastien in Tanis und Theben verwandtschaftlich eng verbunden, und die thebanische Göttertriade dominiert auch am nördlichen Königshof.

Die Königsgräber dieser Zeit liegen nicht mehr in der thebanischen Wüste, sondern im Tempelbezirk der neuen Residenz Tanis. Im ausgeplünderten Tal der Könige betten die Hohenpriester die noch erhaltenen Königsmumien in zwei Massenverstecke um, wo sie der Neuzeit erhalten blieben; mit den spärlichen Resten ihrer Grabausstattung ging man weniger pietätvoll um: Psusennes I. ließ sich in einem Merenptah gehörenden Sarkophag bestatten, Pinudjem I. in einem Sarg Thutmosis’ I. Auch die Bautätigkeit der 21. Dynastie beschränkt sich im wesentlichen auf die Aneignung älterer Denkmäler. Der ärmliche Lebenszuschnitt der thebanischen Hohenpriester steht in seltsamem Gegensatz zum einstigen Umfang des gewaltigen Tempelvermögens, das wahrscheinlich in den Wirren der ausgehenden 20. Dynastie schwer gelitten hatte; sie versorgen ihre männlichen und weiblichen Angehörigen mit Tempelpfründen, um ihnen eine wirtschaftliche Grundlage zu geben. Wie unsicher die Zeiten waren, zeigen die Festungsbauten der tanitischen und thebanischen Machthaber. Beim Tode von Pinudjems Sohn und Nachfolger Masaharta (1017) kommt es in Theben wieder zu schweren Unruhen; politische Gegner werden, wie in christlicher und moderner Zeit, in die Oasen der Westwüste verbannt.

Unter Siamun (978—960) fühlt sich das Königshaus in Tanis stark genug, um wieder eine aktive Außenpolitik zu treiben. Ein erfolgreicher Feldzug führt zur Eroberung der Philisterstadt Gezer und bedroht das junge israelitische Königreich. Weitere Auseinandersetzungen werden durch einen Heiratsvertrag vermieden; eine ägyptische Prinzessin gelangt in den Harîm König Salomos (963—931), der zugleich das umstrittene Gezer als „Mitgift“ erhält. Im Süden tritt die Thebais nach dem Tode des Hohenpriesters Pinudjem II. (987—970) an Bedeutung stark zurück und erlahmt auch in der künstlerischen Schaffenskraft, nachdem die 21. Dynastie zunächst einen Höhepunkt in der Sarg- und Buchmalerei Ägyptens gebracht hat, der die thebanische Grabmalerei des Neuen Reiches ablöst.

Der Einfluß der libyschen Stammeshäuptlinge, die den Tanitenkönigen als Söldnerführer unentbehrlich sind, steigert sich unter Psusennes II. (960—945) bis zur Entmachtung des Königs. Der „Oberhäuptling der Maschwesch“ Nemrut und sein Sohn Scheschonk sind die eigentlichen Herren Unterägyptens. Ihre Familie ist früh in der Deltastadt Bubastis und in Herakleopolis zu Einfluß gelangt und hat sich dann durch Heirat mit dem Hohenpriestergeschlecht von Memphis verbunden. Gestützt auf eine starke Hausmacht, kann Scheschonk I. (945—924) nach dem Tode des letzten Taniten den Thron besteigen und seinen Sohn Osorkon mit einer Prinzessin aus dem alten Königshaus verheiraten. Damit war Ägypten unter die Fremdherrschaft libyscher Häuptlinge gekommen; da sie jedoch seit vielen Generationen in ägyptische Kultur und Gesittung hineingewachsen waren, empfand man zumindest im völkisch bunt gemischten Norden das neue Königshaus der „Bubastiden“ nicht als wesensfremd. Im Süden ist dagegen eine gewisse Zurückhaltung unverkennbar, Theben und seine herrschende Priesterschaft erkennen nur zögernd die neue 22. Dynastie an, die in der Wahl ihrer Namen die ausländische Herkunft nicht verleugnet. Doch kommt es bald zu einem Ausgleich mit den alten Traditionen. Scheschonk I. sendet um 936 seinen Sohn Iputi als Hohenpriester des Amun nach Theben, wo er in die Amunpriesterschaft einheiratet und als Statthalter des Königs den „Gottesstaat“ verwaltet. Zugleich wird in Herakleopolis eine Sekundogenitur des libyschen Königshauses begründet und mit dem Prinzen Nemrut besetzt. So wird das politische Gesicht Ägyptens für Jahrhunderte wieder vom Feudalismus bestimmt, den die libysche Stammesorganisation nahelegte. Unter solchen Bedingungen konnten sich weder ein straffer Zentralismus noch eine kräftige Außenpolitik entwickeln. Der Zug, den Scheschonk I. 926 v. Chr. nach Jerusalem unternahm, ist kaum mehr als ein flüchtiger Raubzug gewesen, der durch die Plünderung des salomonischen Tempels und Palastes allerdings reiche Beute einbrachte. Obgleich Palästina durch die Teilung des salomonischen Staates geschwächt war, konnte Ägypten hier auf die Dauer nicht Fuß fassen. Auch Byblos, wohin Scheschonk I. alte Beziehungen wiederaufnahm, blieb ein unabhängiger Stadtstaat. Doch ermöglicht die reiche Beute des Palästinazuges dem König ehrgeizige Baupläne, vor allem im Karnaktempel, wo sein Sohn Iputi die Arbeiten leitet. Am Gebel Silsila werden neue Sandsteinbrüche eröffnet, aber der Tod des Königs läßt die meisten Pläne unvollendet.

Osorkon I. (924—887) setzt seinen Sohn Scheschonk als thebanischen Hohenpriester ein und hält damit an der Sitte fest, die Statthalterschaft über Oberägypten einem Königssohn anzuvertrauen. Dieser Hohepriester wurde später als Mitregent seines Vaters in den Königsgräbern von Tanis beigesetzt. Sein Sohn Harsiêse kann einige Zeit danach das väterliche Amt an sich bringen und eine weitgehend unabhängige Stellung gegenüber dem Königtum erringen; die militärische Befehlsgewalt in Oberägypten wird zwischen ihm und dem Fürsten von Herakleopolis aufgeteilt. Über den Nachfolger Osorkons, Takeloth I., geben unsere bisherigen Quellen äußerst wenig Informationen.

Osorkon II. (862—833), der bedeutendste Herrscher dieser Dynastie, kann die Autorität des Königtums noch einmal zur Geltung bringen, bevor ein stetiger Verfall einsetzt. In Memphis löst er die einflußreiche, mit dem Königshaus verwandte Hohenpriesterfamilie durch seinen Sohn, den Kronprinzen Scheschonk, ab, dessen Nachkommen das Amt bis zum Ende der Dynastie verwalten. Ein anderer Prinz, Hornacht, amtiert als Hoherpriester des Amun von Tanis. Schließlich wird als Nachfolger des Harsiêse, der sogar eine eigene Königstitulatur angenommen hatte, der Königssohn und Fürst von Herakleopolis, Nemrut, als Statthalter in Theben eingesetzt. Das Grab des Königs und seine reichen Beigaben sind in Tanis gefunden worden, das wie in der 21. Dynastie als offizielle Hauptstadt gilt. Neben Tanis bleibt Bubastis bevorzugte Residenz der Könige; Osorkon II. schmückt die Stadt mit Tempelbauten und feiert in seinem 22. Jahre dort das Sedfest. Bei dieser Gelegenheit erneuert er die feierliche Zusicherung der Exemtität für das Gebiet des thebanischen „Gottesstaates". Zwei Jahre später erhebt der alternde König seinen Sohn Takeloth II. (839—814) zum Mitregenten. Mit den einstmals ägyptischen Gebieten Vorderasiens bestehen rege Handelsbeziehungen; Alabastergefäße Osorkons II. haben sich in Palästina (Samaria) und als phönizische Handelsware sogar in Spanien gefunden.

Dank seiner langjährigen Mitregentschaft wird Takeloth II. nach dem Tode seines Vaters zunächst allgemein als König anerkannt. Bald aber brechen in Theben, dieser „heruntergekommenen Weltstadt mit schwierigen Versorgungsbedingungen" (Kees), neue Unruhen aus. Der Kronprinz Osorkon zieht von der mittelägyptischen Festung El-Hibe, seinem Hauptquartier, 829 v. Chr. nach Theben und stellt als neuer Hoherpriester die Ordnung wieder her; die politischen Feinde trifft ein furchtbares Strafgericht. Sein Bruder Bakenptah wird in die Sekundogenitur Herakleopolis eingesetzt, seine Schwestern heiraten hohe Beamte der Thebais, so daß zeitweise alle vier obersten Priesterstellen des Amun von Karnak mit Angehörigen oder Verwandten des Königshauses besetzt sind. Diese Familienpolitik hat keinen dauernden Erfolg, denn schon vier Jahre später brechen neue, anhaltende Unruhen aus, in deren Verlauf Osorkon in seinem Verwandten Harsiêse II. einen „Gegenpapst" erhält. Als Takeloth II. stirbt, wird nicht der Kronprinz Osorkon als König anerkannt, sondern ein Scheschonk III., dessen Herkunft unbekannt ist. Seit etwa 808 v. Chr. begegnen in Theben Doppeldatierungen nach Scheschonk III. und einem weiteren König Petubastet, den Manetho als Gründer der 23. Dynastie betrachtet; das Königshaus der Bubastiden spaltet sich damit in zwei Äste, und die königliche Autorität wird bald noch stärker aufgesplittert. Unter den Nachfolgern des Petubastet ragt nur noch Osorkon III. hervor; er setzt seinen Sohn Takeloth als Hohenpriester des Amun in Theben und zugleich als Hohenpriester des Harsaphes in Herakleopolis ein, gebietet also über ganz Oberägypten, während im Ostdelta die letzten Könige der 22. Dynastie eine beschränkte Herrschaft ausüben und im Westdelta „Oberhäuptlinge der Libu" die Macht an sich reißen. Nach dem Tode Osorkons III. schreitet die allgemeine Auflösung rasch fort. Sein Sohn wird als Takeloth III. in Theben anerkannt, aber die Erbfürsten in Herakleopolis und Hermopolis maßen sich jetzt den Königstitel und eine eigene Jahreszählung an. Oberägypten zerfällt damit in mehrere kleine, machtlose Königreiche, und im Delta verläuft die Entwicklung entsprechend. In Memphis treten „Häuptlinge der Libu" als Hohepriester des Ptah auf, und Tefnacht, ein anderer Libu-Häuptling, kann sich von Sais aus zum Herrn des ganzen Westdeltas machen. Mit diesem fähigen Herrscher beginnt ein neuer Kampf um die Einigung des zerrissenen Landes, die erst Psammetich I. verwirklichen kann.

Im äußersten Süden des Landes tritt seit der Mitte des 8. Jahrhunderts v. Chr. eine neue politische Macht in Erscheinung. Der „äthiopische" König Kaschta wird in Elephantine als Herrscher anerkannt, und Truppen seines Sohnes Pianchi besetzen bald nach dem Tode Osorkons III. die Thebais. Die beiden Herrscher entstammen einem nubischen Geschlecht, das seit einigen Generationen von Napata am 4. Katarakt aus ein bedeutendes Reich aufgebaut hatte. Wie die libyschen Stammeshäuptlinge fühlen sich auch diese nubischen Könige, die bei den antiken Schriftstellern „Äthiopen" heißen, kulturell und religiös als Ägypter. Sie übernehmen die ägyptische Schrift, die Formen des ägyptischen Königtums und die Verehrung des Amun; der in der 18. Dynastie erbaute Amuntempel von Napata spielt für ihr Reich die Rolle des Karnaktempels. Auf ägyptischem Boden huldigen sie einem Archaismus, der in Zukunft das kulturelle Bild der Spätzeit bestimmt. Uralte Titel, die schon im Neuen Reich ausgestorben waren, werden wiederbelebt, Baudenkmäler der früheren Dynastien restauriert und alte, „von Würmern zerfressene“ Papyrustexte kopiert. Ihre Amunverehrung ist von orthodoxer Strenge und legt auf die richtigen äußeren Formen, etwa auf kultische Reinheit, betonten Wert. In ihren Grabbauten, die bei Napata liegen, erneuern sie noch einmal die Pyramidenform. Neue Impulse bringt die Äthiopenzeit für die ägyptische Plastik und regt sie zu einer realistischeren Bildniskunst an.

Pianchi läßt den thebanischen „Gottesstaat“ des Amun formal weiterbestehen. Seine Schwester Amenirdis wird von der „Gottesgemahlin“ Schepenupet I., einer Tochter Osorkons III., adoptiert und damit als Nachfolgerin angenommen. Die Hohenpriester, die ihr geistliches Amt allzuoft weltlich mißbraucht und als Militärdiktatoren geherrscht haben, amtieren zwar weiter, müssen aber die irdische Statthalterschaft des Gottes in die Hände seiner jeweils regierenden „Gemahlin“ legen. Diese Frauen sind stets königlicher Herkunft und geben, keinem irdischen Gemahl verbunden, ihr Amt durch Adoption weiter; sie feiern Sedfeste, schließen ihre Namen in Kartuschen ein und nehmen damit königliche Rechte in Anspruch. Die wirkliche Macht üben wohl ihre Oberamtmänner aus, die sich in der alten Totenstadt des Westufers gewaltige Grabanlagen schaffen.

Wenige Jahre nach der Besetzung Thebens durch die „Äthiopen“ beginnt die Auseinandersetzung zwischen den ägyptisierten libyschen und nubischen Herrschern um den künftigen Besitz ihrer gemeinsamen geistigen Heimat. Tefnacht von Sais kann seinen Machtbereich weit über Memphis hinaus bis zur Festung El-Hibe ausdehnen, den „König“ Nemrut von Hermopolis zum Anschluß zwingen und den widerstrebenden „König“ Peftjaubastet von Herakleopolis in seiner Residenz belagern. In dieser für die Thebais bedrohlichen Lage entsendet Pianchi ein Heer nach Norden und übernimmt, nachdem er in Theben seine kultischen Pflichten wahrgenommen hat, persönlich den Oberbefehl. Eine Siegesstele berichtet, wie Nemrut von Hermopolis unterworfen, Herakleopolis entsetzt, Tefnacht geschlagen und Memphis erobert wird. Nach dem Fall der alten Residenz huldigen die meisten libyschen Fürsten des Deltas dem Sieger. Tefnacht ist isoliert und entschließt sich, als Pianchi seinen Vormarsch ins Delta hinein fortsetzt, ebenfalls zur Huldigung, vermeidet aber eine persönliche Unterwerfung. Pianchi begnügt sich mit der formalen Anerkennung seiner Herrschaft durch die vielen Kleinkönige des Deltas, dessen anarchische Aufspaltung bis zu Psammetich I. unverändert bleibt, und zieht sich wieder in seine ferne Hauptstadt Napata zurück. Als mit dem Fall von Samaria das Reich Israel assyrisch wird (722) und damit eine neue Gefahr an der Ostgrenze Ägyptens auftaucht, bleiben die Äthiopen untätig; die ägyptischen Truppen, die in der Schlacht von Raphia 720 v. Chr. auf der Seite des Fürsten Hanno von Gaza erfolglos gegen Sargon II. kämpfen, haben die Kleinkönige des Deltas gestellt. Tefnacht ist jetzt auf sein Stammgebiet im Westdelta beschränkt, sein Sohn Bocchoris (717—711) aber strebt wieder nach größerer Macht. Manetho zählt ihn als Gründer und einzigen König der 24. Dynastie, und Diodor beschreibt ihn als bedeutenden Gesetzgeber. Als er auch Memphis unter seine Kontrolle bringen kann, entschließt sich Pianchis Bruder und Nachfolger Schabaka (712—698) zum Gegenschlag, welcher der Dynastie von Sais ein Ende macht. Seit 711 datiert man im ganzen Delta, wie in Oberägypten schon lange, nach den Äthiopenkönigen der 25. Dynastie.

Gestützt auf die reichen Goldvorkommen Nubiens, schenken die Äthiopen dem verarmten Land eine neue wirtschaftliche Blüte und monumentale Bauten, wie sie seit der 20. Dynastie nicht mehr errichtet werden konnten. Taharka (690—664) eifert als Bauherr den großen Königen des Mittleren und Neuen Reiches nach und sorgt vor allem für die Amunstädte Napata und Theben; im Karnaktempel errichtet er mehrere Vorhallen mit kolossalen, aber wohlproportionierten Säulen. Politischer Herr der Thebais und eigentlicher Statthalter des Königs in Oberägypten ist jetzt der Amunpriester und Bürgermeister von

Theben, Monthemhat, den das äthiopische Königshaus auch durch eine Heirat an sich bindet. Mit Angehörigen der Dynastie sind außer dem Amte der „Gottesgemahlin" noch die beiden höchsten Priesterstellen des thebanischen Amun besetzt. Von den Ereignissen der friedlichen Anfangsjahre Taharkas hat die Nilflut seines 6. Jahres (685) den größten Eindruck hinterlassen; mit über 21 Ellen Höhe ist sie die größte bekannte Nilflut des Altertums und wird in den Tempeln von Napata bis Tanis auf Denksteinen verewigt, nachdem man in den „Annalen der Vorfahren" nichts Vergleichbares gefunden hatte. Diese Flut hat ohne Zweifel schwere Verheerungen angerichtet, doch sieht der Ägypter in ihr vor allem die überströmende Gnade der Götter; so kommt es, daß in diesem Falle ausnahmsweise eine Naturkatastrophe überliefert wird, während solche Ereignisse sonst, da sie nicht zur „richtigen" Weltordnung gehören, verschwiegen werden.

Verschwiegen wird in ägyptischen Texten auch die weit schlimmere Katastrophe, die in den späteren Jahren Taharkas über Ägypten hereinbrach. Der Assyrerkönig Assarhaddon (681—669) wendet sich gegen das Land, das so oft die Kleinstaaten Palästinas gegen die neue Weltmacht unterstützt hatte. Ein erster Angriff der Assyrer endet im Frühjahr 673 mit ihrer Niederlage, aber 671 v. Chr. kann Assarhaddon bis Memphis vorstoßen, die alte Hauptstadt erobern und Taharka zur Flucht nach Süden zwingen. Die Kleinstaaten des Deltas, die den Äthiopen nur widerstrebend gehuldigt hatten, läßt der Assyrerkönig als natürliche Bundesgenossen weiterbestehen; unter ihren libyschen Fürsten spielt jetzt Necho I. (672—664) von Sais eine führende Rolle. Da Taharka seine Kräfte wieder sammeln kann, wird schon 669 ein neuer Ägyptenfeldzug Assarhaddons nötig, auf dem der König stirbt. Sein Nachfolger Assurbanipal ist zunächst mit anderen Problemen beschäftigt und muß den Ägyptenzug aufschieben. So kann Taharka Memphis zurückgewinnen und einen Teil der Deltafürsten, darunter Necho, zum Abfall von den Assyrern bewegen. Erst im Winter 667/66 erscheint Assurbanipal in Ägypten, um das fällige Strafgericht zu vollziehen. Die abtrünnigen libyschen Fürsten werden nach Ninive deportiert, doch gelingt es dem wendigen Necho bald darauf, nicht nur begnadigt, sondern als „König" von Sais und Memphis eingesetzt zu werden; sein Sohn Psammetich erhält mit dem Fürstentum Athribis das traditionelle Besitztum des Kronprinzen. Assurbanipal hofft allerdings vergeblich, daß die Fürsten von Sais, denen er eine solche Vorrangstellung zuweist, den assyrischen Herrschaftsanspruch gegen die Äthiopen verteidigen werden. Zwischen die beiden fremden Machtblöcke hineingestellt, treibt diese 26. Dynastie der „Saiten" ihre eigene nationale Politik und erkämpft Ägypten eine neue Unabhängigkeit, politische Machtstellung und geistige Blüte.

664 v. Chr. stirbt Taharka im fernen Napata, ohne Unterägypten wiedergewonnen zu haben. Sein Nachfolger Tanutamun zieht gleich nach der Thronbesteigung nach Norden und dringt kampflos bis Memphis vor, wo er auf den heftigen Widerstand der Deltafürsten stößt. An ihrer Spitze steht wieder Necho I., der wahrscheinlich in den Kämpfen gefallen ist; sein Sohn Psammetich flieht zu den Assyrern. Nach dem Abzuge Tanutamuns stellt ein assyrisches Heer die Lage wieder her, setzt Psammetich I. (664—610) in das erweiterte Erbe seines Vaters ein und folgt den Äthiopen diesmal auch nach Oberägypten; dabei wird Theben gründlich geplündert und erleidet schweren Schaden, von dem es sich niemals ganz erholen sollte. Doch begnügen sich die Assyrer mit dieser Demonstration und überlassen ganz Oberägypten, von Hermopolis bis Elephantine, dem äthiopischen Statthalter Monthemhat; bis 656 wird in Theben weiter nach Tanutamun datiert und in seinem Auftrage am Karnaktempel gebaut.

Psammetich I., der vom Vertrauen der Assyrer getragen und von den Äthiopen nicht gestört wird, kann in den folgenden Jahren der Zersplitterung des Deltas ein Ende machen. Dabei unterstützen ihn die ionischen und karischen Söldner des Königs Gyges von Lydien, der an einem neuen Bundesgenossen gegen die auf dem Gipfel ihrer Macht stehenden Assyrer interessiert ist. 657 wird zum letztenmal ein „Oberhäuptling“ der Libyer erwähnt, und um die gleiche Zeit geht Psammetich daran, auch Oberägypten seinem Reiche einzuverleiben. Dabei vermittelt der „Schiffsmeister“ Sematauitefnacht, dem die Aufsicht über Schiffahrt und Häfen von Memphis bis Elephantine untersteht und der in Mittelägypten, mit Amtssitz in Herakleopolis, eine weitgehend unabhängige Stellung einnimmt. Im März 656 v. Chr. geleitet er im Auftrage Psammetichs dessen Tochter Nitokris nach Theben, wo sie von Monthemhat feierlich empfangen und von der amtierenden „Gottesgemahlin“ Schepenupet II. adoptiert wird. Damit ist die Herrschaft der 26. Dynastie über ganz Ägypten verwirklicht. Die friedliche Form dieser neuen Einigung des Landes zeigt Psammetich I. als geduldigen, überlegenen Staatsmann. Er vermeidet einen Bruch mit der Äthiopendynastie in Napata und erkennt Schepenupet II. bis zu ihrem Tode als Regentin der Thebais an; auch die hohen äthiopischen Beamten, wie Monthemhat und der Hohepriester Horachbît, ein Enkel Schabakas, bleiben noch mindestens fünf Jahre im Amt. Der Austausch gegen Beamte des saitischen Hofes vollzieht sich allmählich und mit großer Vorsicht, bringt aber die Thebais in den folgenden Jahrzehnten in den festen Griff des Königs. Ihre Staatsform bleibt unter der Herrschaft einer „Gottesgemahlin“ des Amun aus dem regierenden Königshaus unverändert, doch hat sie ihre politische Rolle ausgespielt und steht künftig am Rande des Geschehens. In der ägyptischen Religion tritt der thebanische Amun jetzt hinter den Gottheiten des Osiriskreises zurück, die im Isis- und Sarapiskult der Römerzeit weltweite Verehrung erlangen. Es scheint, daß sich kultische Formen und religiöser Glaube jetzt endgültig in der Gestalt verfestigen, in der sie später den antiken Reisenden und Autoren entgegentraten.

Das Assyrerreich ist in diesen Jahren von wachsenden inneren Spannungen, die im großen Bürgerkrieg 651—648 gipfeln, und von den anschließenden Auseinandersetzungen mit Elam zu sehr in Anspruch genommen, um seine Macht noch einmal in Ägypten gegen den abtrünnigen Vasallen einzusetzen; auch der Staat

Juda entgleitet unter Josia der assyrischen Oberhoheit. So braucht sich die bunt zusammengewürfelte „Fremdenlegion" Psammetichs nicht gegen äußere Feinde zu bewähren; unter dem Befehl ägyptischer und libyscher Generäle stehen ionische, karische, nubische und libysche Söldner, die bald noch durch phönikische und jüdische Soldaten ergänzt werden. Zwischen den verschiedenartigen Gruppen, vor allem zwischen Libyern und Griechen, herrschen starke Spannungen, die sich in gelegentlichen Meutereien entladen. Die Konkurrenz ägyptischer und ausländischer Kaufleute verschärft die Spannungen, doch gelingt den saitischen Königen immer wieder der Ausgleich. Den starken fremden Einflüssen zum Trotz sucht die Saitenzeit das Erbe der großen ägyptischen Vergangenheit zu pflegen und orientiert sich vor allem an den Denkmälern und an der festgefügten Struktur des Alten Reiches. Alte Kunstwerke und Texte werden sorgfältig kopiert, und im Gebiet von Memphis wird sogar der Totenkult uralter Könige der Pyramidenzeit neu belebt. Die reich ausgeschmückten Beamtengräber überliefern alte Jenseitstexte in äußerst sorgfältigen Abschriften. In solcher Betonung des Formalen erweist sich die Epoche als echte Spätzeit.

Gegen das Ende seiner langen und friedlichen Regierung wird Psammetich I. in den Sog einer weltpolitischen Umgruppierung hineingezogen. Um das Gleichgewicht der Kräfte im Vorderen Orient zu erhalten, unterstützt er Assyrien in seinem Endkampf gegen Nabopolassar von Babylon; in den Kämpfen des Sommers 616 v. Chr. taucht ein ägyptisches Hilfsheer in Mesopotamien auf. Nach einigen Anfangserfolgen führt das Eingreifen der Meder an der Seite Babylons zum raschen Untergang des assyrischen Reiches. Als die Hauptstadt Ninive 612 fällt, setzt ein Assyrerprinz als Assuruballit II. von Charran aus mit ägyptischer Hilfe den Kampf fort. Während die babylonischen Truppen auf diese Stadt vorrücken, stirbt Psammetich I. Sein Sohn Necho II. (610—595) muß nach dem Falle von Charran das Gebiet östlich des Euphrats den siegreichen Babyloniern und Medern überlassen. Im ersten Frühjahr seiner Regierung (609) zieht der neue König mit einem starken Heere nach Asien. Josia von Juda, der ihm bei Megiddo entgegentritt, wird geschlagen und fällt; sein Land wird tributpflichtig, und die phönizischen Küstenstädte kommen unter ägyptische Oberhoheit. Necho schlägt sein Hauptquartier in Riblah am Orontes auf, wo sich wahrscheinlich auch der vertriebene Assuruballit einstellt. Damit erlebt Syrien zum erstenmal seit Ramses II. wieder das Erscheinen Pharaos, und die glanzvolle Zeit des Neuen Reiches scheint zurückzukehren. Bald aber wendet sich das Blatt. Ein ägyptischer Vorstoß über den Euphrat scheitert, und die folgenden Jahre sehen wechselvolle Kämpfe westlich des Stromes. 605 v. Chr. wird Necho vom babylonischen Kronprinzen Nebukadnezar bei Karkemisch entscheidend geschlagen und nach Ägypten zurückgeworfen. Dort kann er einen Vorstoß der Babylonier gegen das Niltal abwehren (601) und damit die Kleinstaaten Palästinas noch einmal ermutigen; er muß aber 597 der ersten Eroberung Jerusalems durch Nebukadnezar und der Einsetzung von Zedekia, einem Vertreter der antiägyptischen Partei, zum König untätig zusehen.

Erfolgreicher ist Necho II. auf dem Meere. Nach griechischem Vorbild schafft er sich eine Flotte von Dreiruderern, und phönikische Seeleute führen in seinem Auftrage die erste Umsegelung Afrikas durch. Ein Kanal, der das Rote Meer über das Wâdi Tumilât mit dem Nil und dem Mittelmeer verbindet, ist von ihm begonnen, aber erst von Darius I. in Betrieb genommen worden. Sein Sohn Psammetich II. (595—589) ist außenpolitisch nach dem Süden orientiert. Vielleicht befürchtet er, daß der damalige bedeutende Äthiopenkönig Aspalta (um 593—568) die ägyptischen Schwierigkeiten in Asien ausnutzen und eine Wiedergewinnung des Landes versuchen würde. Seine Generäle Amasis und Potasimto, von denen der eine die ägyptischen, der andere die ausländischen Truppen befehligt, stoßen 593 bis über den 3. Katarakt hinaus nach Süden vor und bedrohen die Hauptstadt Napata. Auf einem der Ramseskolosse von Abu Simbel erinnern griechische Inschriften an diesen Feldzug, der eine mögliche Gefahr für Ägypten beseitigt und zugleich tiefgreifende Veränderungen im Äthiopenreich auslöst. Der Schwerpunkt dieses Reiches verlagert sich von Napata weiter nach Süden, nach Meroë oberhalb der Atbara-Mündung, wo Aspalta als erster König in großem Stile baut; die Pyramidengräber der Könige bleiben allerdings noch lange im Gebiet von Napata. Das Reich von Meroë wird später in die hellenistische Welt einbezogen und fällt erst um 300 n. Chr. dem Ansturm der Nobatäer zum Opfer, denen 50 Jahre später der große Erobererkönig Aezanes von Axum folgt. In Ägypten kommt es erst mit diesem Feldzug zu einer Verfemung der Äthiopenkönige und zur Verfolgung ihres Andenkens, das die bisherigen Saitenkönige respektiert hatten.

Psammetich II. hat mit der babylonischen Großmacht Frieden gehalten und es offenbar vermieden, sich in die Verhältnisse Palästinas einzumischen. Sein junger Sohn Apries (589—570) dagegen, der „Hophra" des Alten Testaments, unterstützt gleich nach seiner Thronbesteigung den Abfall des jüdischen Königs Zedekia und der phönikischen Städte von Nebukadnezar. Die erhoffte Schwächung der babylonischen Macht bleibt allerdings aus; Nebukadnezar schließt Jerusalem ein und schlägt einen Entsatzversuch des Apries ab. Im Hochsommer 587 v. Chr. erstürmen seine Truppen die Stadt und führen große Teile der jüdischen Bevölkerung in die „Babylonische Gefangenschaft" ab. Viele andere Juden, unter ihnen der Prophet Jeremia, suchen in Ägypten Zuflucht; wir finden sie in der Folgezeit häufig als Söldner im ägyptischen Heer. Auf der Nilinsel Elephantine am 1. Katarakt, deren griechische Garnison unter Apries meutert, entsteht eine jüdische Militärkolonie mit einem eigenen Jahwe-Tempel; durch aramäische Papyri läßt sich das wechselvolle Schicksal dieser Gemeinde bis zum Ende des 5. Jahrhunderts v. Chr. verfolgen. Obgleich mit dem Königreich Juda der letzte „Pufferstaat" zwischen dem babylonischen Großreich und Ägypten gefallen ist, zeigt Nebukadnezar keine Neigung, die assyrische Eroberung des Nillandes zu wiederholen. So verläuft die übrige Regierung des Apries friedlich. In Theben wird 586 eine Schwester des Königs, Anchnesneferibrê, in das Amt der „Gottesgemahlin“ des Amun eingeführt; umgeben von verdienten Hofbeamten der Könige, verwaltet sie über 60 Jahre lang, bis zur persischen Eroberung, den „Gottesstaat“ der Thebais.

Gegen 570 v. Chr. folgt Apries einem Hilferuf libyscher Stämme, die bei Ägypten Rückhalt gegen die aufstrebende griechische Kolonie Kyrene suchen; damit erhalten die innenpolitischen Gegensätze zwischen Libyern und Griechen neue Nahrung. Nachdem die Griechen Kyrenes ein ägyptisches Hilfsheer bei der Quelle Thestis vernichtet haben, meutern die Truppen des Apries und erheben den General Amasis zum König (570—526). Apries wird geschlagen, kann sich jedoch noch einige Zeit behaupten, bevor er nach wechselvollen Kämpfen getötet wird. Dem neuen König gelingt es, der Parteiungen Herr zu werden und Ägypter, Libyer und Griechen wenigstens äußerlich zu versöhnen. Er läßt seinen Vorgänger ehrenvoll bestatten und erkennt dessen Schwester als Regentin der Thebais an. Mit Kyrene schließt Amasis einen Freundschaftsvertrag und besiegelt ihn durch eine dynastische Heirat. Den Griechen überläßt er die milesische Gründung Naukratis im Westdelta als Handelskolonie; hier entsteht, mit griechischen Tempeln geschmückt, die erste Polis auf ägyptischem Boden. Mit seiner Griechenfreundschaft, die über Herodot bis zu den Schriftstellern der römischen Kaiserzeit ein dankbares Echo findet, knüpft Amasis politische und kulturelle Verbindungen bis zum griechischen Festland. Er leistet zum Wiederaufbau des zerstörten Apollotempels von Delphi einen namhaften Beitrag und stiftet nach Lindos und Samos wertvolle Weihgeschenke; seine Freundschaft mit dem Tyrannen Polykrates von Samos hat Schiller verewigt. Der im Lande schwelende Fremdenhaß, der vom religiösen Puritanismus der Spätzeit geschürt wird und sich vor allem gegen Griechen und Juden oft entlädt, läßt die Griechen solche freundlichen Gesten des Königs dankbar empfinden. Doch auch die Ägypter verpflichtet sich Amasis durch eifrige Fürsorge für die Tempel des Landes und durch ein bedeutendes Reformwerk, das bestehende Mißstände in der Rechtsprechung und der Verwaltung mildert. Als neue Kursivschrift der Kanzleien setzt sich in der 26. Dynastie das Demotische durch. Die Beamtenschaft scheint weniger von Fremden durchsetzt zu sein als in der Ramessidenzeit; ihre Bürokratie aber veranlaßt die zeitgenössische Weisheitslehre des Anch-Scheschonki zu dem Stoßseufzer: „Wenn Re einem Lande zürnt, ernennt er die Schreiber zu seinen Herrschern." Vom göttlichen Königtum der Pharaonen sind in der Saitenzeit nur wenige formale Reste geblieben; der als trinkfreudig bekannte Amasis gibt sich im Verkehr mit seinen Untertanen betont volksnah.

Der Aufstieg des Perserreiches führt dazu, daß Amasis seine bisherige Politik der Nichteinmischung, die er gegenüber Babylon und Kyrene betrieben hatte, aufgibt. Wie Herodot I 77 überliefert, ist auch Ägypten an einem Defensivbündnis mit Babylon, Lydien und Sparta gegen die Perser beteiligt, greift aber nicht in die Kämpfe ein, und 546 verliert der Lyderkönig Kroisos sein Reich an Kyros. Auf den Einzug der Perser in Babylon (12. 10. 539) folgt die Unterwerfung der phönikischen Städte, und Ägypten muß damit rechnen, das nächste Ziel des großen Eroberers Kyros zu sein. Doch verzögert sich der Angriff bis in die Regierungszeit seines Sohnes Kambyses (530—522). Während dieser den Feldzug gegen das Niltal vorbereitet, stirbt Amasis zu Beginn des Winters 526/25. Sein Sohn Psammetich III. muß im Mai 525 v. Chr. dem Perserkönig bei Pelusium entgegentreten. Er wird geschlagen, verliert nach kurzer Belagerung Memphis und fällt in die Gefangenschaft der Perser; nach Herodot wird er später wegen eines Aufstandsversuches hingerichtet. Kambyses besetzt in kurzer Zeit das übrige Land, und die Libyer, Kyrenäer und Barkäer unterwerfen sich kampflos dem neuen Oberherrn. Sein Feldzug gegen die Äthiopen und sein Zug zur Oase Siwa enden dagegen mit einem Mißerfolg und hohen Verlusten.

Damit ist Ägypten zu einer Satrapie des persischen Reiches geworden. Die Herrscher dieses Weltreiches, das zum erstenmal den gesamten Orient in einer Hand vereinigt, treten in Ägypten im Ornat und mit den Titeln der Pharaonen auf, werden aber schärfer als die libyschen und äthiopischen Fremdherrscher abgelehnt; das Wort „Meder“ wird zu einem Schimpfnamen. Der Haß, den die späteren griechischen Schriftsteller nachfühlen konnten und gerne ausschmücken, konzentriert sich auf die Person des Eroberers Kambyses; ihm werden die furchtbarsten Untaten zugeschrieben. Nach der betont frommen Haltung der letzten einheimischen Könige mußten die Priesterschaft und die Masse der Gläubigen das geringe Interesse des Perserkönigs an den Tempeln des Landes besonders schmerzlich empfinden. Sein Nachfolger Darius I. (522—486) nimmt auf die religiösen Gefühle stärker Rücksicht und kann damit das Ansehen des neuen Regimes festigen; er erweitert das Serapeum von Sakkâra, die Begräbnisstätte der Apisstiere, und errichtet in der Oase El-Chârga an einer wichtigen Karawanenstraße den Amuntempel von Hibis. Auf seine Anweisung wurde das ägyptische Recht kodifiziert, wobei man die alten Gesetze auch auf Aramäisch aufzeichnete, also in der Amtssprache der Perser. Da außer dem Satrapen und seinem Stabe nur wenige persische Beamte in Ägypten tätig waren, konnte die neue Amtssprache nicht die Bedeutung des Griechischen unter den Ptolemäern erreichen. Die persischen Provinzgouverneure durften sich auf eine bewährte ägyptische Verwaltung stützen, die zur loyalen Zusammenarbeit bereit war; für die ägyptischen Beamten war Darius durch seine Taten als rechtmäßiger Pharao ausgewiesen, mochte seine Residenz auch, wie unter den Äthiopenkönigen, fern im Auslande liegen. Die Aufstände, die unter dem Eindruck der persischen Niederlagen gegen die Griechen in der ersten Hälfte des 5. Jahrhunderts v. Chr. ausbrechen, werden von den Libyern des Westdeltas getragen und bleiben auf Unterägypten beschränkt. Als die griechische Waffenhilfe mit dem Kalliasfrieden (449) aufhört, kehrt im Lande wieder Ruhe ein. Zu Beginn dieser Friedenszeit, die fast ein halbes Jahrhundert anhält, hat Herodot Ägypten besucht, wie vor und nach ihm viele griechische Reisende. Mit ihnen beginnt eine Zeit fruchtbarer Wechselwirkung zwischen den beiden Kulturen — der jungen, offenstehenden des Abendlandes und der abgeschlossenen des Orients, die an der Last einer jahrtausendealten Geschichte trägt und auf alle Fragen von Urzeiten her Antworten bereithält. Wie Rilke und Thomas Mann in unserem Jahrhundert, ließen sich die Griechen von der Andersartigkeit dieser Kultur des „frömmsten aller Völker" (Herodot) schöpferisch anregen und haben sie auf ihre Weise interpretiert.

Beim Tode Darius' II. (404) gelingt es Ägypten endlich, die persische Herrschaft abzuschütteln. Wieder ist es ein Libyer, Amyrtaios von Sais, der den Aufstand führt und die Perser einige Jahre später auch aus Oberägypten vertreiben kann. Manetho zählt ihn als einzigen König der 28. Dynastie (404—399). Den Persern sind durch den Zug des jüngeren Kyros und den anschließenden Krieg mit Sparta die Hände gebunden. So kann sich der Gründer der 29. Dynastie (399—380), Nepherites I., dem friedlichen Aufbau widmen und sogar eine bescheidene Bautätigkeit entfalten. Unter seinen Nachfolgern hat nur Hakoris Bedeutung, der den persischen Versuch zur Rückgewinnung des Landes in einem längeren Kriege (385—383) abwehren konnte. Für sein Söldnerheer, das der Athener Chabrias befehligt, läßt der König die ersten ägyptischen Münzen prägen, zunächst als Nachprägung athenischer Tetradrachmen. Nach dem Tode des Hakoris muß sein Sohn dem Usurpator Nektanebos I. aus Sebennytos weichen. Mit ihm beginnt die 30. und letzte einheimische Dynastie (380—343), die einen würdigen Ausklang der altägyptischen Geschichte bringt. Ihre fähigen Könige hinterlassen im ganzen Land, von Tanis bis nach Elephantine und Philae, Baudenkmäler und vermehren das Tempelvermögen durch neue Landschenkungen. Gegen das persische Großreich, das Ägypten immer noch als abgefallene Satrapie betrachtet, führen sie erfolgreiche Abwehrkämpfe und gehen sogar zur Offensive über; mit einem Feldzug nach Syrien knüpft König Tachos 360 v. Chr. an die glanzvolle Tradition der 18. Dynastie an, die auch für die Kunst dieser Zeit Leitbild ist. Im Herbst 343 v. Chr. gelingt den Persern doch noch die Rückgewinnung des Landes; der letzte Pharao, Nektanebos II., flieht nach Nubien, und zwei Jahrtausende lang reiht sich eine Fremdherrschaft an die andere.

Mit dem Siegeszug Alexanders des Großen tritt Ägypten 332 v. Chr. in eine neue Umbruchszeit ein und leistet unter den ptolemäischen Epigonen des Welteroberers seinen Beitrag zur Mischkultur des Hellenismus. Das Wesen der neuen Zeit prägt sich, wie so oft in der Geschichte dieses Landes, am reinsten in einem Grabdenkmal aus, das die Summe des irdischen Lebens über den Tod hinaus bewahren soll und darin ein getreuer Spiegel der geistigen Haltung ist. An der Schwelle der Ptolemäerzeit hat sich Petosiris, ein Hoherpriester des Gottes Thot, in der Totenstadt von Hermopolis einen Grabbau errichtet, dessen Reliefschmuck deutlich in einen „weltlichen" und in einen kultischen Teil geschieden ist. Die Bilder des täglichen Lebens, von der Außenwelt her beleuchtet, verwenden griechische Stilelemente in seltsamer Mischung mit ägyptischen Formen; im Dunkel des hinteren Raumes bewahren die kultischen Darstellungen und Texte in traditioneller Gestalt uraltes religiöses Gedankengut. Dies Nebeneinander von Altem und Neuem formt für ein weiteres halbes Jahrtausend das Gesicht Ägyptens: neben der hellenistischen Mischkultur Alexandrias entstehen vor allem in Oberägypten Tempelbauten in rein ägyptischem Stil; manche von ihnen, wie der reizvolle Hathortempel von Dendera, werden erst unter den römischen Kaisern vollendet. Römische Legionäre tragen die Verehrung ägyptischer Gottheiten bis in die fernsten Provinzen des Reiches, und die Mumienhülle der einst blühenden Kultur, jetzt zu bizarren Formen erstarrt, lockt immer noch Scharen von griechischen und römischen Touristen ins Land. Ihre Berichte haben bis zu Champollion das abendländische Ägyptenbild bestimmt und wirken nach. Mit der Entzifferung der Hieroglyphen und den systematischen Ausgrabungen im Niltal ist der Weg zu früheren und reineren Quellen freigelegt worden; seitdem können die Blüte- und Verfallszeiten der altägyptischen Kultur immer deutlicher Gestalt annehmen. In aller Andersartigkeit ist es den

Ägyptern gelungen, „ein reines, verhaltenes, schmales Menschliches ... zwischen Strom und Gestein“ (Rilke) zu verwirklichen und damit Meilensteine am geistigen Wege der Menschheit aufzurichten.

ANMERKUNGEN UND WEITERFÜHRENDE LITERATUR

Allgemeine Darstellungen (Auswahl)

E. Drioton—J. Vandier: L'Égypte (Sammlung „Clio", Les peuples de l'orient méditerranéen II, Paris 1938, [5]1975).

E. Otto: Ägypten. Der Weg des Pharaonenreiches, 1953, [4]1966.

A. H. Gardiner: Egypt of the Pharaohs, Oxford 1961 (dt.: Geschichte des alten Ägyptens, 1965).

W. Helck: Geschichte des alten Ägypten (Handbuch der Orientalistik, 1. Abt., Bd. 1/3, Leiden 1968).

The Cambridge Ancient History, 3. Aufl., Bd. I und II, Cambridge 1970 ff.

W. Wolf: Das alte Ägypten (dtv-Monographien zur Weltgeschichte, 1971).

J. von Beckerath: Abriß der Geschichte des alten Ägypten, 1971.

Übersicht über das Gesamtgebiet der Ägyptologie, mit Geschichte und Kulturgeschichte, bei E. Hornung: Einführung in die Ägyptologie, 1967.

Artikel über einzelne Könige und Realien in: Lexikon der Ägyptologie, hrsg. von W. Helck und E. Otto, 1975 ff.

Die Frühzeit

Allgemeiner Überblick bei W. B. Emery: Archaic Egypt, Harmondsworth 1961. Das inschriftliche Material bei P. Kaplony: Die Inschriften der ägypt. Frühzeit, 1963 (ÄgAbh 8, mit Supplementen ÄgAbh 9, 1964 und 15, 1966), zum geistigen Hintergrund H. Junker: Die Geisteshaltung der Ägypter in der Frühzeit, Wien 1961 (Sitz.ber. der Österr. Akad. d. Wiss. 237/1).

Zur *Vorgeschichte* grundlegender Überblick bei W. C. Hayes: Most Ancient Egypt, Chicago u. London 1965 (unvollendet, ohne die neolithischen Kulturen Oberägyptens und Nubiens), dazu ergänzend für Nubien F. Wendorf und N. M. Taos: The Prehistory of Nubia, Dallas 1968, sowie I. Hofmann: Die Kulturen des Niltals von Aswan bis Sennar, 1967.

Zum Problem der *Reichseinigung* und zum *Palermostein* W. Kaiser, ZÄS 91, 1964, 86—125.

Zum *König „Menes"* und seinen Leistungen als Kulturbringer H. Brunner: Menes als Schöpfer, ZDMG 103, 1953, 22—26, zur Frage seiner Geschichtlichkeit zuletzt S. Morenz: Traditionen um Menes, ZÄS 99, 1972, X—XVI und ergänzend: Skarabäen und andere Siegelamulette aus Basler Sammlungen, Mainz 1976, S. 44 f. Zu den frühen Königen und ihrem Fortleben D. Wildung: Die Rolle ägyptischer Könige im Bewußtsein ihrer Nachwelt, Teil I (MÄS 17, 1969).

Zur *soziologischen Struktur* (Problem Nomaden/Bauern) M. Atzler: Randglossen zur ägypt. Vorgeschichte, Jaarbericht Ex Oriente Lux 8, 1972, 228—246. Zum Problem der frühen „Libyer" G. Fecht, ZDMG 106, 1956, 37—60.

Göttlicher König. W. Barta: Untersuchungen zur Göttlichkeit des regierenden Königs (MÄS 32, 1975) und von der älteren Literatur vor allem H. Frankfort: Kingship and the Gods, Chicago 1948.

Zum *Beamtentum* W. Helck: Untersuchungen zu den Beamtentiteln des ägypt. Alten Reiches, ÄgFo 18, 1954.

Funde der 1. Dyn. in Palästina bei S. Yeivin, Oriens Antiquus 2, 1963, 205—213; ders., Bibliotheca Orientalis 23, 1966, 20 mit Anm. 14; ders., JNES 27, 1968, 37 ff.

Grab des Aha in Sakkâra veröffentlicht von W. B. Emery: Hor-Aha, Kairo 1939. Zur umstrittenen Frage, ob das Königsgrab dieser Zeit in Sakkâra oder Abydos lag, vgl. zuletzt die gegensätzliche Stellungnahmen von B. J. Kemp, JEA 52, 1966, 13—22 und J.-Ph. Lauer, MDIK 25, 1969, 79—84.

Zu *Annalentäfelchen und früher Schrift* S. Schott: Hieroglyphen. Untersuchungen zum Ursprung der Schrift, Akad. d. Wiss. und Liter. Mainz, Abh. der Geistes- und sozialwiss. Klasse 1950 Nr. 24.

Djer-Inschrift am 2. Katarakt: W. Helck, MDIK 26, 1970, 85 und I. Hofmann, Bibliotheca Orientalis 28, 1971, 308 f.

Ägyptischer Götterglaube im Wandel: siehe E. Hornung: Der Eine und die Vielen. Ägyptische Gottesvorstellungen, 1971.

Zum *Sedfest* und zur Problematik seiner historischen Begehung

E. Hornung—E. Staehelin: Studien zum Sedfest, Aegyptiaca Helvetica 1, 1974.

Ninetjer-Statue veröffentlicht von W. K. Simpson, JEA 42, 1956, 45—49.

Altes Reich

Zum *geistigen Hintergrund* H. Junker: Pyramidenzeit, 1949. Stark verzeichnetes und zu hypothetisches Bild bei J. Spiegel: Das Werden der altägypt. Hochkultur, 1953.

Djoser-Bezirk in Sakkâra: Veröffentlichung von C. M. Firth—J. E. Quibell: The Step Pyramid, Kairo 1935, und J.-Ph. Lauer: La Pyramide à degrés, Kairo 1936—59, dazu die Deutung bei H. Ricke: Bemerkungen zur ägypt. Baukunst des Alten Reiches I—II (Beiträge zur ägypt. Bauforschung und Altertumskunde 4 und 5, Zürich 1944/Kairo 1950). Zum Beinamen „Der den Stein geöffnet hat" S. Schott, MDOG 84, 1952, 6; zu *Imhotep* jetzt D. Wildung, Imhotep und Amenhotep, MÄS 36, 1977.

Biographie des Metjen: H. Goedicke, MDIK 21, 1966, 1—71 und K. B. Gödecken, ÄgAbh 29, 1976.

Sechemchet-Pyramide. Z. Goneim: Horus Sekhem-khet, Teil I Kairo 1957 und ders., Die verschollene Pyramide, 1955. Sechemchet und Huni haben zusammen eher 30 Jahre regiert (Turiner Königspapyrus, siehe A. H. Gardiner: The Royal Canon of Turin, Oxford 1959), wodurch sich die angegebenen Jahreszahlen etwas verschieben.

Zu *Huni* und seiner *Inschrift in Elephantine:* H. Goedicke, ZÄS 81, 1956, 18—24.

Zum *Taltempel der Knickpyramide:* A. Fakhry: The Monuments of Sneferu at Dahshur, Kairo 1959—61.

Zu den *Gauen* vgl. die Übersicht von W. Helck: Die altägypt. Gaue, 1974 (Beihefte zum Tübinger Atlas des Vorderen Orients, B 5).

Für die neuentdeckten *Gräber der 4. Dynastie in Theben* Vorberichte von D. Arnold, MDIK 29, 1973, 150—162 und MDIK 30, 1974, 159—164.

Schiff des Cheops: M. Zaki Nour u. a.: The Cheops Boats, Teil I Kairo 1960.

Zu *Cheops* ferner H. Brunner: Die Zeit des Cheops, Orientalist. Literaturztg. 53, 1958, 293—301 und S. Morenz: Traditionen um Cheops, ZÄS 97, 1971, 111—118.

„Sohn des Re". Der älteste Beleg für Djedefrê bei H. W. Müller, ZÄS 91, 1964, 131. Zu Auswirkungen des neuen Sonnenglaubens auf den Grundriß des Sphinx-Tempels S. Schott, Bull. Société franç. d'Égyptologie 53/54, 1969, 31—41. S. Morenz: Die Heraufkunft des transzendenten Gottes in Ägypten, Sitz. ber. Sächs. Akad. der Wiss., Philolog.-histor. Klasse Bd. 109, Heft 2 (1964) zeichnet ein allgemeines Bild der Entwicklung im Verhältnis von König und Gott.

Sphinx-Tempel des Chephren: siehe H. Ricke: Der Harmachistempel des Chefren in Giseh (Beiträge zur ägypt. Bauforschung und Altertumskunde Heft 10, 1970). Zur umstrittenen Lesung des Königsnamens (auch als Rachaf) zuletzt H. Brunner: Zur Aussprache der Namen Chephren und Djedefhor, ZÄS 102, 1975, 94—99.

Steinbrüche bei Toschke: R. Engelbach, ASAE 38, 1938, 369 ff.

Königssiegel in Buhen: W. B. Emery, Kush 11, 1963, 119.

Zur *Pyramide von Zawyet el-Aryân* J.-Ph. Lauer, Revue d'Égyptologie 14, 1962, 21—36; ders., Histoire monumentale des pyramides d'Égypte I (Kairo 1962), S. 206—211; V. Maragioglio—C. A. Rinaldi: L'architettura delle piramidi Menfite II (Turin 1963), S. 41 bis 49; D. Wildung, MÄS 17, 1969, 211—213.

Zur *Mastaba des Schepseskaf* G. Jéquier: Le Mastabat Faraoun, Kairo 1928.

Königin Chentkaus und Übergang zur 5. Dynastie: siehe H. Altenmüller, Chronique d'Égypte 45, 1970, 223—235.

Zur Vorstellung und Darstellung der *göttlichen Geburt Pharaos* H. Brunner: Die Geburt des Gottkönigs (ÄgAbh 10, 1964).

Sonnenheiligtümer der 5. Dynastie: W. Kaiser: Zu den Sonnenheiligtümern der 5. Dynastie, MDIK 14, 1956, 104—116; E. Winter: Zur Deutung der Sonnenheiligtümer der 5. Dynastie, WZKM 54, 1957, 222—233. Veröffentlicht sind die Heiligtümer des Userkaf (H. Ricke, Beiträge zur ägypt. Bauforschung und Altertumskunde Heft 7 und 8, 1965—69) und des Niuserrê (F. W. v. Bissing u. a.: Das Re-Heiligtum des Königs Ne-woser-re, 1905—28).

Kolossalstatue des Userkaf. Noch älter, aber nicht exakt zu datieren, ist ein kolossaler Granitkopf im Brooklyn Museum: Ägyptische Kunst aus dem Brooklyn Museum (Katalog der Ausstellung Berlin 1976), Nr. 12 (mit der älteren Literatur).

Beziehungen nach Kleinasien und zur Ägäis. Die angeblichen Funde von Dorak bei Troja (Bibliographie bei J. Leclant, Orientalia 38, 1969, 298 f.) haben sich nicht bestätigt. Aus Kleinasien stammt jedoch das goldene Rollsiegel eines Beamten mit den Namen der beiden letzten Könige der 5. Dynastie: Bulletin Museum of Fine Arts Boston 70, 1972, No. 359, Titelbild und S. 11. Vgl. allgemein J. Vercoutter: L'Égypte et le monde égéen préhellénique, Kairo 1956.

Papyrusarchiv aus Abusir veröffentlicht von P. Posener-Kriéger und J. L. de Cénival: The Abu Sir Papyri (Hieratic Papyri in the British Museum, Vth series), London 1968. Der Kommentarband dazu: P. Posener-Kriéger, Les archives du temple funéraire de Néferirkarê-Kakai, 2 Bde., Kairo 1976.

„Weltkammer" des Niuserrê: E. Edel, Nachr. der Akad. d. Wiss. in Göttingen, I. Philol.-hist. Klasse, 1961 Nr. 8 und 1963 Nr. 4—5, dazu jetzt die Veröffentlichung von E. Edel und St. Wenig: Die Jahreszeitenreliefs aus dem Sonnenheiligtum des Königs Ne-User-Re, 1974.

Beamtentitel: das Zitat aus W. Helck: Untersuchungen zu den Beamtentiteln des ägypt. Alten Reiches (1954), S. 112; vgl. allgemein auch K. Baer: Rank and Title in the Old Kingdom, Chicago 1960.

Unas-Pyramide und *Pyramidentexte.* A. Piankoff: The Pyramid of Unas, New York 1968. Grundlegende Edition immer noch K. Sethe: Die altägypt. Pyramidentexte, 4 Bde. 1908—22, Nachdruck 1960. Vollständige Übersetzung und Nachträge zum Text bei R. O. Faulkner: The Ancient Egyptian Pyramid Texts, 2 Bde. Oxford 1969. Zu den Hungersnot-Szenen im Aufweg der Unas-Pyramide siehe S. Schott, Revue d'Egyptologie 17, 1965, 7—13.

Weisheitsliteratur (Lebenslehren): einen Überblick mit weiterer Literatur gibt H. Brunner in: Handbuch der Orientalistik, 1. Abt., Bd. 1/2, 2. Aufl. Leiden 1970, S. 113—139.

Zur *Asienpolitik* der Pharaonen allgemein W. Helck: Die Beziehungen Ägyptens zu Vorderasien im 3. und 2. Jahrtausend v. Chr., 2. Aufl. 1971.

Puntexpedition unter Asosi: Urk. I 128 f.

Zu *Teti* siehe jetzt J.-Ph. Lauer und J. Leclant: Le temple haut du complexe funéraire du roi Téti, Kairo 1972. Sein unmittelbarer Nachfolger ist der ephemere Userkarê.

Siegelzylinder Phiops' I.: H. Goedicke, MDIK 17, 1961, 69—90 (zu Month S. 80 f.). Zu den umstrittenen Anfängen des Amun-Kultes in dieser Zeit siehe F. Daumas, BIFAO 65, 1967, 213 f. und D. Wildung, MDIK 25, 1969, 212—219. Gräber der 6. Dynastie sind jetzt sogar in der Oase Dachle gefunden worden, dazu A. Fakhry in: Textes et langages de l'Egypte pharaonique II, Kairo [1974], S. 220 f.

Expeditionen des Herchuf und politisch-kultureller Wandel in Nubien: zuletzt E. Edel, Orientalia 36, 1967, 133—158 und M. Bietak: Studien zur Chronologie der nubischen C-Gruppe, Wien 1968. Eine Übersetzung der Herchuf-Berichte bei M. Lichtheim: Ancient Egyptian Literature I, Berkeley 1973, S. 23—27.

Phiops II. als Kind: Die Darstellungen könnten auch an das Ende der Regierung gehören und dann die sichtbare Verjüngung des uralten Königs meinen. Zum Totentempel und den dortigen Funden G. Jéquier: Le monument funéraire de Pépi II, 3 Bde. Kairo 1936—40.

Volkstümliche Erzählung von Phiops II. (Neferkarê und der General Sasenet): G. Posener, Revue d'Egyptologie 11, 1957, 119—137.

Königliche Dekrete des späten Alten Reiches zusammenfassend bei H. Goedicke: Königliche Dokumente aus dem Alten Reich, 1967.

Sargtexte. Zum Problem der Datierung W. Schenkel: Frühmittelägyptische Studien, 1962. Eine vollständige Übersetzung von R. O. Faulkner ist im Erscheinen: The Ancient Egyptian Coffin Texts, Bd. I Warminster 1973.

„Demokratisierung" des Osiris-Titels: H. G. Fischer, ZÄS 90, 1963, 35—38.

Zu den *Nachfolgern Phiops' II.* J. von Beckerath, JNES 21, 1962, 140—147 und speziell zur *Königin Nitokris* C. Coche-Zivie, BIFAO 72, 1972, 122—132 (doch historisch). Eine klimatische Erklärung des anbrechenden „Dark Age" als Dürreperiode versucht B. Bell, American Journal of Archaeology 75, 1971, 1—26.

Herakleopoliten (9./10. Dynastie): J. von Beckerath, ZÄS 93, 1966, 13—20; H. Goedicke, MDIK 24, 1969, 136—143; J. Lopez, Revue d'Egyptologie 25, 1973, 178—191. Die textlichen Quellen der *Ersten Zwischenzeit* bei W. Schenkel: Memphis—Herakleopolis—Theben, 1965, vgl. ferner H. G. Fischer: Inscriptions from the Coptite Nome, Rom 1964, und ders., Dendera in the Third Millenium B. C., New York 1968. Zu den auswärtigen Beziehungen W. A. Ward: Egypt and the East Mediterranean World 2200—1900 B. C., Beirut 1971.

Anchtifi von Moalla. J. Vandier: Mo'alla, Kairo 1950; H. Kees: Aus den Notjahren der Thebais, Orientalia 21, 1952, 86—97.

Antef-Könige (11. Dynastie). Ihre Gräber sind jetzt von D. Arnold im Nordteil der thebanischen Nekropole (El-Târif) neu freigelegt worden, Vorberichte darüber in MDIK 23, 1968 ff.

Lehre für Merikarê bei A. Volten: Zwei altägypt. politische Schriften, Kopenhagen 1945.

Ende der Herakleopoliten: H. G. Fischer, Artibus Asiae 22, 1959, 240—252 (Gefängnis-Aufseher Antef und künstlerischer Einfluß auf die 11. Dynastie). Zum *Massengrab* der thebanischen Soldaten H. E. Winlock: The Slain Soldiers of Neb-Hepet-Re, New York 1945.

Mittleres Reich

Allgemein H. E. Winlock: The Rise and Fall of the Middle Kingdom in Thebes, New York 1947, zu den geistigen Grundlagen H. G. Evers: Staat aus dem Stein, 2 Bde. 1929.

Montuhotep-Grabanlage in Deir el-Bahri neu untersucht und veröffentlicht von D. Arnold: Der Tempel des Königs Mentuhotep von Deir el-Bahari, bisher 2 Bde. 1974. In der Numerierung der Montuhotep-Könige, die in der Literatur sehr stark schwankt, folgen wir D. Arnold, MDIK 24, 1969, 38—42.

Meketrê-Modelle veröffentlicht bei H. E. Winlock, Models of Daily Life in Ancient Egypt, Cambridge, Mass. 1955.

Briefe des Hekanacht: Siehe T. G. H. James: The Hekanakhte Papers and other Early Middle Kingdom Documents, New York 1962.

Zum *Übergang von der 11. zur 12. Dynastie* siehe L. Habachi, ASAE 55, 1958, 167—190 und J. von Beckerath, ZÄS 92, 1965, 4—10. Zur *neuen Residenz* und ihrem Namen W. K. Simpson, Journ. of the American Research Center in Egypt 2, 1963, 53—59.

Den Anfang der 12. Dynastie behandelt J. Omlin: Amenemhet I. und Sesostris I., Diss. Heidelberg 1962. Zusätzlich hat W. K. Simpson wichtige Verwaltungsakten dieser Zeit veröffentlicht: Papyrus Reisner I, II und III, Boston 1963—69.

Stelen aus Abydos siehe J. Spiegel: Die Götter von Abydos, 1973, und W. K. Simpson: The Terrace of the Great God at Abydos, New Haven u. Philadelphia 1974.

Festung von Buhen: Vorberichte über die Grabungen von W. B. Emery in den Zeitschriften Kush 7, 1959 ff. und JEA 44, 1958 ff. Das dort gefundene Pferdeskelett gehört sicher nicht ins Mittlere Reich.

Zum Hintergrund des *Attentats auf Amenemhât I.* vgl. E. Hornung—E. Staehelin, Studien zum Sedfest, Aegyptiaca Helvetica 1, 1974, S. 59 f.

„Politische" Literatur des Mittleren Reiches: grundlegend G. Pose-

ner: Littérature et politique dans l'Egypte de la XIIe dynastie, Paris 1956.

Königsplastik der 12. Dynastie: H. G. Evers: Staat aus dem Stein, 2 Bde. 1929. Zum Königtum siehe ferner E. Blumenthal: Untersuchungen zum ägypt. Königtum des Mittleren Reiches, Bd. I: Die Phraseologie, 1970.

Zum *Ritual des Erneuerungsfestes* siehe H. Altenmüller: Zur Lesung und Deutung des Dramatischen Ramesseumpapyrus, Jaarbericht Ex Oriente Lux 19, 1965/66, 421—442, zur Ordnung der einzelnen Szenen auch noch W. Barta, ZÄS 98, 1970, 9—12.

Verträge des Hapdjefai: A. Théodoridès: Les contrats d'Hâpidjefa, Revue internat. des droits de l'antiquité 18, 1971, 109—252. Die überlebensgroße Holzstatue des Gaufürsten, um die es in den Verträgen geht, befindet sich jetzt im Louvre, siehe J. Vandier: Une statue présumée du nomarque de Siout, Hâpidjéfa, Comptes rendus de l'Académie des Inscriptions et Belles-Lettres 1971, 356—375.

Zu den *Ächtungstexten* gibt G. Posener einen Überblick in: Lexikon der Ägyptologie I, 67—69 (1972), zu den *Expeditionen* R. Gundlach und E. Blumenthal, ebenda II, 55—68 (1975).

Schatz von Tôd bei F. Bisson de la Roque, G. Contenau und F. Chapouthier: Le trésor de Tôd, Kairo 1953.

Die *Papyri aus Illahûn* (Kahun) im Überblick bei U. Kaplony-Heckel in: Verzeichnis der orientalischen Handschriften in Deutschland, hrsg. von W. Voigt, Bd. XIX, 1 (1971). Zur Stadtanlage vgl. A. Badawy: A History of Egyptian Architecture, Bd. II, Berkeley und Los Angeles 1966, S. 22—27.

Statuettenfund von Megiddo: J. A. Wilson: The Egyptian Middle Kingdom at Megiddo, American Journ. of Semitic Languages and Literatures 58, 1941, 225—236. Zu einem neueren Fund J. Leclant, Orientalia 35, 1966, 166.

Würfelhocker: Zu den Anfängen und zur Bedeutung dieser Form siehe H. W. Müller und A. Eggebrecht in: Festgabe für Dr. Walter Will (1966), S. 121—163. Eine Bestandsaufnahme bei B. V. Bothmer, Brooklyn Museum Annual 2/3, 1963, 27—35.

Sesostris III. Zweifel an der 36jährigen Regierung, die R. A. Parker auf Grund der Monddaten angenommen hatte, äußert W. K. Simpson, Chronique d'Egypte 47, 1972, 45—54. Die Denkmäler brechen mit dem 19. Jahr ab.

Gaufürsten: Neues Material haben jetzt vor allem die Grabungen von E. Edel seit 1960 auf dem Gräberberg von Assuân erbracht; die Veröffentlichung ist im Erscheinen, siehe E. Edel: Die Felsengräber der Qubbet el Hawa bei Assuan, 1967 ff.

Nubische Festungen. Unter den neueren Veröffentlichungen siehe vor allem D. Dunham und J. Janssen: Semna Kumma, Boston 1960; D. Dunham: Uronarti. Shalfak. Mirgissa, Boston 1967; J. Vercoutter: Mirgissa, Bd. I Paris 1970. Zum Problem der ungewöhnlichen Nilstands-Angaben am Ende des Mittleren Reiches und des eventuellen Dammbaus am 2. Katarakt (J. Vercoutter, Kush 14, 1966, 125—164) jetzt B. Bell: Climate and the History of Egypt, American Journ. of Archaeology 79, 1975, 223—269.

Über den ägypt. Einfluß auf *Byblos* im Mittleren Reich W. S. Smith, American Journ. of Archaeology 73, 1969, 277—281.

Semnah Despatches veröffentlicht von P. C. Smither, JEA 31, 1945, 3—10.

Zu den *Sinai-Expeditionen* A. H. Gardiner—Peet—Černý: The Inscriptions of Sinai, Teil II, London 1955. Speziell zu Horwerrê H. Goedicke, MDIK 18, 1962, 14—25.

Zur Frage des *Labyrinths* in Hawâra siehe zuletzt K. Michalowski, JEA 54, 1968, 219—222; A. B. Lloyd, JEA 56, 1970, 81—100.

Grab der Prinzessin Nofruptah veröffentlicht von N. Farag und Z. Iskander: The Discovery of Neferwptah, Kairo 1971. Zu den Schatzfunden von anderen Prinzessinnen der späten 12. Dynastie in Illahûn und Dahschûr siehe zusammenfassend W. Wolf: Funde in Ägypten, 1966, S. 131—142.

Zu *Amenemhât IV.* M. Valloggia, Revue d'Egyptologie 21, 1969, 107—133, zur *Königin Sobeknofru* (oder Nofrusobek) ders., Revue d'Egyptologie 16, 1964, 45—53. Ein von F. Hintze am 2. Katarakt gefundenes höheres Datum (Jahr 13) von Amenemhât IV. ist noch nicht veröffentlicht (siehe B. Bell, American Journ. of Archaeology 79, 1975, 229).

Märchenliteratur und Verwandtes in Übersetzung bei E. Brunner-Traut: Altägyptische Märchen, 1963 (4. Aufl., 1976). Zur *Hymnendichtung* J. Assmann: Ägyptische Hymnen und Gebete, 1975. Das *Zweiwegebuch* bei L. H. Lesko: The Ancient Egyptian Book of Two Ways, Berkeley und Los Angeles 1972.

Zur *13. bis 17. Dynastie* grundlegend J. von Beckerath: Untersuchungen zur politischen Geschichte der zweiten Zwischenzeit in Ägypten, 1965.

Brooklyn-Papyrus bei W. C. Hayes: A Papyrus of the Late Middle Kingdom in the Brooklyn Museum, Brooklyn 1955. Das *Rechnungsbuch des königlichen Hofes* ist von A. Scharff, ZÄS 57, 1922, 51—68 veröffentlicht.

Zur *Hyksoszeit* außer den schon genannten Werken von J. von Beckerath: Untersuchungen zur polit. Geschichte ... und W. Helck: Die Beziehungen Ägyptens zu Vorderasien ... noch J. van Seters: The Hyksos, New Haven und London 1966 und D. B. Redford, Orientalia 39, 1970, 1—51. Neue Ergebnisse jetzt durch die österr. Grabungen auf dem Tell ed-Dab'a im Ostdelta, vgl. die Vorberichte von M. Bietak, MDIK 23, 1968, 79—114 und 26, 1970, 15—42. Zur gleichzeitigen nubischen *Kerma-Kultur* F. Hintze, ZÄS 91, 1964, 79 bis 86 und J. Vercoutter in: Mélanges offerts à K. Michalowski, Warschau 1966, S. 205—226. Neuere Funde dieser Zeit in Israel bei R. Giveon, Chronique d'Egypte 49, 1974, 222—233.

Hyksos-Vertreibung. Die neue Stele des Kamose ist veröffentlicht von L. Habachi: The Second Stela of Kamose, Glückstadt 1972. Zu neueren Untersuchungen der *Mumie des Sekenenrê* und anderer Königsmumien vgl. J. Harris und K. Weeks: X-raying the Pharaohs, London 1973.

Neues Reich

Keine neuere Gesamtdarstellung. Die wichtigsten historischen Quellen zur 18. Dynastie bei K. Sethe: Urkunden der 18. Dynastie, 1906 bis 1909 (fortgeführt von W. Helck 1955—1958, deutsche Übersetzungen von K. Sethe 1914 und W. Helck 1961), zur Ramessidenzeit bei K. A. Kitchen: Ramesside Inscriptions, Oxford 1968 ff. Zu den chronologischen Fragen E. Hornung: Untersuchungen zur Chronologie und Geschichte des Neuen Reiches, 1964, zur Asienpolitik W. Helck: Die Beziehungen Ägyptens zu Vorderasien im 3. und 2. Jahrtausend v. Chr., 2. Aufl. 1971, zu Nubien: T. Säve-Söderbergh: Ägypten und Nubien, Lund 1941, und W. B. Emery: Egypt in Nubia, London 1965; die Wirtschaft behandeln W. Helck: Materialien zur Wirtschaftsgeschichte des Neuen Reiches, 1961—70, und J. J. Janssen, Studien zur altägypt. Kultur 3, 1975, 127—185, die Verwaltung W. Helck: Zur Verwaltung des Mittleren und Neuen Reiches, Leiden 1958 (mit Register, Leiden 1975).

Ahmose und seine Zeit behandelt ausführlich C. Vandersleyen: Les

Guerres d'Amosis, Brüssel 1971. Vgl. auch ders., Revue d'Egyptologie 19, 1967, 123—159 und 20, 1968, 127—134 zur „Unwetter-Stele", die Ahmoses Aktivität in Theben beleuchtet.

Eroberung von Auaris. Zum Datum zuletzt Vandersleyen, Guerres d'Amosis, S. 33 ff. und W. Helck, Göttinger Miszellen 19, 1976, 33 f.

Ämterverkauf („Juristische Stele"): H. Kees, Orientalia 23, 1954, 57—63 und I. Harari, ASAE 56, 1959, 139—201.

Felsgrab Amenophis' I. Die Zuweisung von H. Carter, JEA 3, 1916, 147—154 ist jetzt wieder umstritten. Zu den königlichen Nekropolen Thebens im Mittleren und im Neuen Reich siehe allgemein E. Thomas: The Royal Necropoleis of Thebes, Princeton 1966.

Ahmes-Nofretiri und ihre spätere Verehrung behandelt M. Gitton: L'Epouse du dieu Ahmes Néfertary, Paris 1975.

Zum *Amduat* E. Hornung: Das Amduat. Die Schrift des Verborgenen Raumes, 3 Bde. 1963—67, und ders.: Ägyptische Unterweltsbücher, 1972 (mit Übersetzung auch der übrigen „Jenseitsführer" des Neuen Reiches).

Zur *Sonnenlitanei* A. Piankoff: The Litany of Re, New York 1964, und E. Hornung mit A. Brodbeck: Das Buch der Anbetung des Re im Westen, 2 Bde. Genf 1975—77.

Das *Totenbuch* jetzt in vollständiger Übersetzung bei P. Barguet: Le Livre des Morts des anciens Egyptiens, Paris 1967, und T. G. Allen: The Book of the Dead or Going forth by day, Chicago 1974.

Den *Amuntempel von Karnak* behandelt P. Barguet: Le temple d'Amon-Rê à Karnak, Kairo 1962.

Zur Bedeutung von *Memphis* siehe A. Badawi: Memphis als zweite Landeshauptstadt im Neuen Reich, Kairo 1948.

Hatschepsut und ihre Regierung beschreibt S. Ratié: La reine Pharaon, Paris 1972 (auch deutsch: Hatschepsut. Die Frau auf dem Thron der Pharaonen, 1974). Das genaue Datum ihrer Usurpation ist jetzt wieder unsicher geworden, vgl. J. Yoyotte, Kêmi 18, 1968, 85—91 und R. Tefnin, Chronique d'Egypte 48, 1973, 232—242.

Senenmut behandelt vor allem W. Helck: Der Einfluß der Militärführer in der 18. ägypt. Dynastie, 1939. Eine neuere Zusammenstellung seiner Denkmäler gibt A. R. Schulman, Journ. of the American Research Center in Egypt 8, 1969/70, 29—48, dazu noch BIFAO 71, 1972, 87—96 und 139—150. Schulman und vorher bereits B. Switalski Lesko in der gleichen Zeitschrift 6, 1967, 113—118 haben auch das

Problem seines angeblichen „Sturzes“ gegen Ende der Regierung neu behandelt.

Zum *Wesir Useramun* vgl. E. Hornung: Die Grabkammer des Vezirs User, Nachr. der Akad. d. Wiss. in Göttingen, I. Philol.-hist. Klasse 1961, Nr. 5.

Zur *Handelsexpedition nach Punt* zuletzt Abdel Aziz Saleh, Orientalia 42, 1973, 370—382. Zur Lokalisierung des Landes im Inneren des Sudân durch R. Herzog: Punt (1968) vgl. kritisch u. a. W. Vycichl, Chronique d'Egypte 45, 1970, 318—324 und K. A. Kitchen, Orientalia 40, 1971, 184—207, zur Frage ferner G. Posener, Annuaire Collège de France 73, 1972/73, 369—374.

Der *Tempel von Deir el-Bahri* ist veröffentlicht von E. Naville: Deir el Bahari, 7 Bde. London 1894—1908, ferner H. E. Winlock: Excavations at Deir el Bahri 1911—31, New York 1942 und zur Geburtshalle H. Brunner: Die Geburt des Gottkönigs, 1964. Durch eine polnische Expedition wurde 1961 ein benachbarter Tempel Thutmosis' III. entdeckt, der noch nicht veröffentlicht ist.

Zum Tod und der vielleicht erst lange danach einsetzenden *Verfolgung der Hatschepsut* siehe Ch. Nims, ZÄS 93, 1966, 97—100.

Über *Thutmosis III.* fehlt noch eine Monographie. Die Schlacht von Megiddo behandelt R. O. Faulkner, JEA 28, 1942, 2—15; vgl. ferner H. Grapow: Studien zu den Annalen Thutmosis des Dritten, Abh. der Deutschen Akad. d. Wiss., Phil.-hist. Klasse 1947, Nr. 2 und das zu Beginn dieses Abschnitts genannte Buch von Helck zur Asienpolitik.

Zur *Gold-Gewinnung in Nubien* J. Vercoutter: The Gold of Kush, Kush 7, 1959, 120—153.

Der *Fest-Tempel* Thutmosis' III. in Karnak jetzt neu interpretiert von G. Haeny: Basilikale Anlagen in der ägypt. Baukunst des Neuen Reiches, 1970.

Die *Mitregierung Amenophis' II.* mit Thutmosis III. behandeln u. a. W. Helck, MDIK 17, 1961, 106 ff.; D. B. Redford, JEA 51, 1965, 107—122; R. A. Parker in: Studies in Honor of J. A. Wilson, Chicago 1969, S. 75—82.

Zu den *„sportlichen“ Aktivitäten* des ägypt. Königs vgl. grundsätzlich W. Decker: Die physische Leistung Pharaos, 1971.

Den *Brief an den Vizekönig Usersatet* hat W. Helck, JNES 14, 1955, 22—31 veröffentlicht.

Zu den *Feldzügen Amenophis' II.* siehe E. Edel, Zeitschr. des Deutschen Palästina-Vereins 69, 1953, 97—176 und zuletzt Sh. Yeivin,

Journ. of the American Research Center in Egypt 6, 1967, 119 bis 128.

Thutmosis IV. und Asien siehe R. Giveon, JNES 28, 1969, 54—59.

Die Zeit *Amenophis' III.* behandelt E. Riefstahl: Thebes in the time of Amunhotep III., Oklahoma 1964. Die *Gedenkskarabäen* findet man bei C. Blankenberg—van Delden: The large commemorative scarabs of Amenhotep III, Leiden 1969. Eine wichtige neue Quelle zu den *auswärtigen Beziehungen* bei E. Edel: Die Ortsnamenlisten aus dem Totentempel Amenophis III., 1966.

Der *Untergang Tuschrattas* erfolgte nach D. B. Redford: History and Chronology of the 18th Dynasty, Toronto 1967, S. 216 ff. im 6. bis 8. Jahr Echnatons.

Tempel von Soleb und Sedeinga: Grabungen der Mission M. Schiff Giorgini seit 1957, Publikation M. Schiff Giorgini u. a.: Soleb, bisher 2 Bde., Florenz 1965 und 1971.

Amenophis Sohn des Hapu behandelt das nachgelassene Werk von A. Varille: Inscriptions concernant l'architecte Amenhotep, fils de Hapou, Kairo 1968. Zum Nachleben D. Wildung, Imhotep und Amenhotep, MÄS 36, 1977.

Zu den neuen *geistigen Tendenzen* der Zeit vgl. L. Kákosy: Die weltanschauliche Krise des Neuen Reiches, ZÄS 100, 1973, 35—41, zum Durchbruch des *Tierkultes* E. Hornung, Studium Generale 20, 1967, 74—76. *Aja als Erzieher Echnatons:* H. Brunner, ZÄS 86, 1961, 93 f. Zur *„Tochterheirat" Amenophis' III.* und anderer Könige siehe B. van de Walle, Chronique d'Egypte 43, 1968, 36—54 und W. Helck, ibid. 44, 1969, 22—25, mit Betonung des rein rituellen Charakters.

Echnaton, seine Nachfolger und die *Amarnazeit* insgesamt sind in den letzten Jahren vor allem in den Katalogen der großen internationalen Ausstellungen ausführlich behandelt worden, siehe C. Desroches Noblecourt: Toutankhamon et son temps, Paris 1967; I. E. S. Edwards: Treasures of Tutankhamun, London 1972; C. Aldred: Akhenaten and Nefertiti, New York 1973; Nofretete. Echnaton, 1976. Ferner die Monographie von C. Aldred: Akhenaten, Pharaoh of Egypt, London 1968 (auch deutsche Ausgabe 1968) und die kritische Übersicht von J. Vandier: Toutânkhamon, sa famille, son règne, Journal des Savants 1967, 65—91. Zur Kennzeichnung der Aton-Religion J. Assmann: Die „Häresie" des Echnaton, Saeculum 23, 1972, 109 bis 126 und vom gleichen Autor der Artikel „Aton" in: Lexikon der Ägyptologie I, 526—540 (1973), ferner G. Fecht: Amarna-Probleme,

ZÄS 85, 1960, 83—118, wo u. a. die Namensformen Jati (für Aton) und Achanjati (für Echnaton) vorgeschlagen wurden. Zu den ikonographischen Neuerungen der Amarnakunst W. Westendorf: Amenophis IV. in Urgottgestalt, Pantheon 21, 1963, 269—277, und E. Hornung: Gedanken zur Kunst der Amarnazeit, ZÄS 97, 1971, 74—78.

Die Denkmäler aus der *neuen Hauptstadt Achetaton* bei W. M. F. Petrie: Tell el Amarna, London 1894; N. de G. Davies: The Rock Tombs of El Amarna, 6 Bde., London 1903—08; The City of Akhenaten, 3 Bde., London 1923—51; J. Samson: Amarna, City of Akhenaten and Nefertiti, London 1972; G. T. Martin: The Royal Tomb at El-Amarna, London 1974.

Die Veröffentlichung des *Amarna-Archivs* erfolgte durch J. A. Knudtzon: Die El-Amarna-Tafeln, 2 Bde. 1915. Vgl. auch S. A. B. Mercer: The Tell el-Amarna Tablets, 2 Bde., Toronto 1939; E. F. Campbell: The Chronology of the Amarna Letters, Baltimore 1964; A. F. Rainey: El Amarna Tablets 359—379, Neukirchen-Vluyn 1970. Zu Aziru siehe H. Klengel, Mitteil. des Instituts für Orientforschung 10, 1964, 57—83.

Semenchkarê: Zur Mitregierung mit Echnaton zuletzt P. Munro, ZÄS 95, 1969, 109—116, und W. Helck, Chronique d'Egypte 44, 1969, 203—208. Nach einer neueren Hypothese von J. R. Harris (Acta Orientalia 35, 1973, 5—13 und 36, 1974, 11—21) ist Semenchkarê identisch mit Nofretiti. Dagegen vertritt R. Krauß (Katalog der Berliner Ausstellung Nofretete. Echnaton, 1976) jetzt die Meinung, daß auf Echnaton zunächst Meritaton mit einer kurzen Alleinherrschaft folgt, dann erst Semenchkarê, den sie nach dem Scheitern der Zannanza-Affäre heiratet.

Die Regierung *Tutanchamuns* hat mindestens neun volle Jahre gedauert, siehe J. Černý, JEA 50, 1964, 39. Sein *Restaurationsedikt* ist von J. Bennett, JEA 25, 1939, 8—15 herausgegeben. Die *Zannanza-Affäre* wird jetzt von R. Krauß (siehe oben) neu gedeutet und mit der Alleinherrschaft der Meritaton nach Echnatons Tod verbunden. Der *Grabschatz* ist immer noch unveröffentlicht, vgl. die oben genannten Ausstellungskataloge und die Veröffentlichung einzelner Objektgruppen in der Reihe Tut^{c}ankhamun's Tomb Series, Oxford 1963 ff.

Zu *Haremhab* siehe R. Hari: Horemheb et la reine Moutnedjemet, Genf 1965; E. Hornung mit F. Teichmann: Das Grab des Haremhab im Tal der Könige, 1971. Im Januar 1975 wurde sein memphitisches Grab durch eine englisch-holländische Expedition wiederaufgefunden.

Chronologie und Genealogie der *Ramessidenzeit* behandelt M. L. Bierbrier: The Late New Kingdom in Egypt, Warminster 1975.

Zu *Sethos I.* siehe S. Schott: Der Denkstein Sethos' I. für die Kapelle Ramses' I. in Abydos, Nachr. der Akad. d. Wiss. in Göttingen, I. Philol.-hist. Klasse 1964, Nr. 1; R. O. Faulkner: The Wars of Sethos I, JEA 33, 1947, 34—39 und zur Aktivität im Ostdelta L. Habachi, ZÄS 100, 1974, 95—102. Die wichtigsten Bauten des Königs: H. Frankfort: The Cenotaph of Seti I at Abydos, 2 Bde., London 1933; A. M. Calverley und M. F. Broome: The Temple of King Sethos I at Abydos, 4 Bde., London und Chicago 1933—58; G. Haeny: Basilikale Anlagen in der ägypt. Baukunst des Neuen Reiches, 1970 (Säulensaal). Das Grab ist noch unveröffentlicht. Zu einer eventuellen Mitregierung Ramses' II. zuletzt W. J. Murnane, JNES 34, 1975, 153—190.

Ramses II. wird von K. A. Kitchen in einer Monographie behandelt werden, vgl. auch den Katalog der Ausstellung Ramsès le Grand, Paris 1976, sowie J. D. Schmidt: Ramesses II, A Chronological Structure for his Reign, Baltimore und London 1973 (mit K. A. Kitchen, JEA 61, 1975, 265—270).

Zur Ramsesstadt im Ostdelta ist eine größere Monographie von L. Habachi zu erwarten, vgl. zum vieldiskutierten Problem der genauen Lokalisierung zuletzt J. Yoyotte, Annuaire 1971—72 Ecole Pratique des Hautes Etudes, Ve section, S. 167—173.

Schlacht von Kadesch. Die Texte bei Ch. Kuentz: La bataille de Qadech, Kairo 1928—34, in Übersetzung bei A. H. Gardiner: The Kadesh Inscriptions of Ramesses II, Oxford 1960. Vgl. auch R. O. Faulkner, MDIK 16, 1958, 93—111 und K. A. Kitchen, JEA 50, 1964, 47—70.

Zu *Verhandlungen und Bündnis mit den Hethitern* siehe u. a. E. Edel: Der geplante Besuch Hattušilis III. in Ägypten, MDOG 92, 1960, 15—20; ders.: Zwei Originalbriefe der Königsmutter Tuja in Keilschrift, Studien zur altägypt. Kultur 1, 1974, 105—146; ders.: Ägyptische Ärzte und ägyptische Medizin am hethitischen Königshof, Opladen 1976.

Das *Grab der Nofretiri* ist vollständig veröffentlicht bei G. Thausing und H. Goedicke: Nofretari. Eine Dokumentation der Wandgemälde ihres Grabes, 1971, und im Auszug bei E. Dondelinger: Der Jenseitsweg der Nofretari, 1973, vgl. ergänzend noch E. Hornung: Das Grab einer ägypt. Königin, Bibliotheca Orientalis 32, 1975, 143—145. Auch die Mutter Ramses' II., Tuja, erhielt ein Grab im Tal der Königinnen und einen eigenen Totentempel.

Zu *Chaemwêse* siehe F. Gomaà: Chaemwese. Sohn Ramses' II. und Hoherpriester von Memphis, 1973. Das Problem der Thronfolge behandelt J. Janssen, Chronique d'Egypte 38, 1963, 30—36.

Felsentempel von Abu Simbel. Bisher ist nur der kleine Tempel für Nofretiri veröffentlicht, siehe C. Desroches-Noblecourt und Ch. Kuentz: Le petit temple d'Abou Simbel, Kairo 1968. Zur Verlegung der Tempel C. Desroches-Noblecourt und G. Gerster: Die Welt rettet Abu Simbel, Wien und Berlin 1968.

Das *Ramesseum* wird jetzt vom "Center of Documentation" in Kairo veröffentlicht: Le Ramesseum, Kairo 1973 ff.; vgl. ferner W. Helck: Die Ritualdarstellungen des Ramesseums Bd. I, 1972.

Merenptah hat wohl nur etwa zehn Jahre regiert, siehe K. A. Kitchen, BIFAO 73, 1973, 197, Anm. 4 und M. L. Bierbrier: The Late New Kingdom in Egypt (1975), S. 15. Seine Laufbahn vor der Thronbesteigung behandelt L.-A. Christophe, ASAE 51, 1951, 335—372. Zur Verehrung in Memphis siehe E. Otto, ZÄS 81, 1956, 118, zum Totentempel dort W. Helck, JNES 25, 1966, 34 f.; aus seinem Kenotaph könnte der von Psusennes I. wiederverwendete Sarkophag stammen. Zur Unterstützung der Hethiter G. A. Wainwright: Meneptah's Aid to the Hittites, JEA 46, 1960, 24—28.

Seevölker: ein neuerer Überblick von A. Malamat in: The World History of the Jewish People, 1st Series: Ancient Times, Vol. III, Tel-Aviv 1971, ch. II. Von den zahlreichen weiteren Arbeiten sei nur noch hingewiesen auf G. A. Lehmann: Der Untergang des hethitischen Großreiches und die neuen Texte aus Ugarit, Ugarit-Forschungen 2, 1970, 39—73.

Zur Lokalisierung der *Schlacht gegen die Libyer* (unter dem Anführer Maraju) und Seevölker im Westdelta siehe H. de Meulenaere, BIFAO 62, 1964, 170. Zu einem gleichzeitigen grausamen Strafgericht gegen die Nubier vgl. A. A. Youssef, ASAE 58, 1964, 273—280. Die *Israelstele* jetzt neu übersetzt bei M. Lichtheim: Ancient Egyptian Literature II (Berkeley 1976), S. 73—78.

Zu *Amenmesse* und der Königsfolge am Ende der 19. Dynastie erschien eine grundlegende neue Studie von R. Krauß in den Studien zur altägypt. Kultur 4, 1976, 161—199 und 5, 1977, 131—174, durch die sich eine weitere kleine Verschiebung in der Chronologie ergibt: Amenmesse hat keine selbständige Regierung, sondern besetzt während der Regierung Sethos' II. vorübergehend Nubien und Oberägypten. Zu *Tausret/Siptah* vor allem A. H. Gardiner, JEA 44, 1958, 12—22 und J. Vandier, Revue d'Egyptologie 23, 1971, 165—191, zu *Bai* J. Černý, ZÄS 93, 1966, 35—39.

Ramses III. behandelt J. Janssen: Ramses III, Leiden 1948. Für seinen Totentempel vgl. die vorbildliche Veröffentlichung durch das Oriental Institute Chicago: Medinet Habu, 8 Bde., Chicago 1930—70, und U. Hölscher: The Excavation of Medinet Habu, 5 Bde., Chicago 1934—54; eine Zusammenfassung bei U. Hölscher: Die Wiedergewinnung von Medinet Habu im westlichen Theben, 1958, die historischen Tempelinschriften übersetzt bei W. F. Edgerton und J. A. Wilson: Historical Records of Ramses III, Chicago 1936.

Zum *Seevölkerkrieg* R. Stadelmann: Die Abwehr der Seevölker unter Ramses III., Saeculum 19, 1968, 156—171, und die oben bei Merenptah genannte Arbeit von G. A. Lehmann. Speziell zu den *Philistern* noch K. A. Kitchen in: Peoples of Old Testament Times, hrsg. von D. J. Wiseman, Oxford 1973, S. 53—78.

Wichtige Teile des Materials aus *Deir el-Medîne* jetzt aufgearbeitet von J. Černý: A Community of Workmen at Thebes in the Ramesside Period, Kairo 1973, und J. J. Janssen: Commodity Prices from the Ramessid Period, Leiden 1975. Eine Auswahl der Texte bei S. Allam: Hieratische Ostraka und Papyri aus der Ramessidenzeit, 1973. Zu den *Streiks* W. F. Edgerton, JNES 10, 1951, 137—145, zur *Ermordung Ramses' III.* A. de Buck, JEA 23, 1937, 152—164 und H. Goedicke, JEA 49, 1963, 71—92.

Papyrus Harris: Der Text bei W. Erichsen: Papyrus Harris I, Brüssel 1933; eine neuere Gesamtübersetzung fehlt, zur Deutung V. V. Struve, Aegyptus 7, 1926, 3—40.

Zur großen *Steinbruchexpedition* unter *Ramses IV.* L.-A. Christophe, BIFAO 48, 1949, 1—38. Sie stand unter dem Befehl des Hohenpriesters des Amun, Ramsesnacht.

Die noch unsichere Genealogie der *späteren Ramessiden* wird immer wieder neu erörtert, siehe zuletzt J. Monnet, BIFAO 63, 1965, 209 bis 236 und K. A. Kitchen, JEA 58, 1972, 182—194, zum Problem Ramses VII./VIII. noch J. von Beckerath, ZÄS 97, 1971, 7—12 (dagegen Kitchen a. a. O.).

Das *Grab von Ramses V./VI.* ist veröffentlicht von A. Piankoff und N. Rambova: The Tomb of Ramesses VI, 2 Bde., New York 1954 (mit Übersetzung aller Texte). In die Regierung von *Ramses V.* gehört der Papyrus Wilbour als wichtige Wirtschaftsurkunde, bearbeitet von A. H. Gardiner: The Wilbour Papyrus, 4 Bde., Oxford 1941—52.

Zur *Verwaltung der späten 20. Dynastie* vgl. M. L. Bierbrier, JEA 58, 1972, 195—199. Die Texte zu den *Grabräubereien* bei T. E. Peet: The Great Tomb-robberies of the Twentieth Egyptian Dynasty, 2 Bde., Oxford 1930 und ergänzend J. Capart, A. H. Gardiner und B. van de Walle, JEA 22, 1936, 169—193. Zu den *Streiks* vgl. oben bei Ramses III.

Zum *Hohenpriester Amenhotep* siehe E. F. Wente, JNES 25, 1966, 73—87, für die folgenden Ereignisse H. Kees: Die Hohenpriester des Amun von Karnak von Herihor bis zum Ende der Äthiopenzeit, Leiden 1964, und G. Fecht, ZÄS 87, 1962, 12—31.

Smendes und Tentamun: Die letztere ist nach A. Niwiński (noch unveröffentlicht) die Gemahlin von Ramses XI. Die neueste Übersetzung vom Reisebericht des Wenamun bei M. Lichtheim: Ancient Egyptian Literature II (Berkeley 1976), S. 224—230.

Spätzeit

Zur *„Dritten Zwischenzeit“* (21. bis 24./25. Dynastie) jetzt umfassend K. A. Kitchen: The Third Intermediate Period in Egypt, Warminster 1972, ferner M. L. Bierbrier: The Late New Kingdom in Egypt, Warminster 1975 und eine noch ungedruckte Arbeit von A. Niwiński zur 21. Dynastie. Vgl. auch die reich dokumentierte Übersicht von H. Jacquet-Gordon: Texts of the XXIst to the XXIVth Dynasty, in: Textes et langages de l'Egypte pharaonique II (Kairo 1974), S. 107—122. Für die politische Geschichte der eigentlichen *Spätzeit* (26.—30. Dynastie) F. K. Kienitz: Die polit. Geschichte Ägyptens vom 7. bis zum 4. Jahrh. v. d. Zeitwende, 1953, und M. F. Gyles: Pharaonic Policies and Administration, 663 to 323 B. C., Chapel Hill 1959.

Königsgräber von Tanis veröffentlicht durch P. Montet: La nécropole royale de Tanis, 3 Bde., Paris 1947—60. Zum Typus des spätzeitlichen Königsgrabes vgl. R. Stadelmann: Das Grab im Tempelhof, MDIK 27, 1971, 111—123.

Verbannung in die Oasen: Die Pariser „Stele der Verbannten“ neu bearbeitet durch J. von Beckerath, Revue d'Egyptologie 20, 1968, 7—36.

Gezer als „Mitgift" Siamuns: A. Malamat, JNES 22, 1963, 10—17. Zu weiteren Kontakten der Monarchie von David und Salomo mit Ägypten siehe A. Malamat, The Biblical Archaeologist Reader 2, 1964, 89—98 und zu eventuellen ägypt. Einflüssen auf das Verwaltungssystem des neuen Staates T. N. D. Meltinger: Solomonic State Officials, Lund 1971.

Zur *Libyerzeit* (22. bis 24. Dynastie) außer den am Anfang dieses Abschnitts genannten Werken J. Yoyotte: Les principautés du Delta au temps de l'anarchie Libyenne, Mélanges Maspero I, 4 (Kairo 1961), S. 121—179 und F. Gomaà: Die libyschen Fürstentümer des Deltas vom Tod Osorkons II. bis zur Wiedervereinigung Ägyptens durch Psametik I., 1974. Zur Königsfolge und Chronologie noch K. Baer: The Libyan and Nubian Kings of Egypt, JNES 32, 1973, 4—25.

Den *Zug des Scheschonk nach Jerusalem* behandelt S. Herrmann, Zeitschr. des Deutschen Palästina-Vereins 80, 1964, 55—79, die *Stele vom Gebel Silsila* R. A. Caminos, JEA 38, 1952, 46—61 (dort S. 60 f. auch zum Datum der Errichtung des I. Pylons von Karnak, das bisher nicht genau festgelegt werden konnte).

Für *Osorkon I.* hat H. K. Jacquet-Gordon, JEA 53, 1967, 63—68 eine wesentlich kürzere Regierung angenommen, vgl. jetzt aber Kitchen: Third Intermed. Period § 89. Zu einem Vorstoß nach Juda und Niederlage gegen König Asa Kitchen, ibid. § 268, zur kurzen Mitregierung des Hohenpriesters Scheschonk (II.) ibid. § 269.

Osorkon II. Das Grab des Königs veröffentlichte P. Montet: Les constructions et le tombeau d'Osorkon II à Tanis, Paris 1947, die Sedfest-Halle E. Naville: The Festival Hall of Osorkon II in the Great Temple of Bubastis, London 1892. Die Zusicherung der Exemtität beruht auf einem viel älteren Text und ist vielleicht fiktiv.

Die *ägyptischen Funde in Spanien,* die z. T. aus dieser Zeit stammen, werden von I. Gamer-Wallert bearbeitet. Zur ägyptischen Beteiligung an der Schlacht von Qarqar gegen die Assyrer siehe Kitchen, a. a. O., § 285.

Zum *Eingreifen des Kronprinzen Osorkon in Theben* siehe R. A. Caminos: The Chronicle of Prince Osorkon, Rom 1958, und Kitchen, a. a. O., §§ 291 ff. Die Einsetzung des *Bakenptah* in Herakleopolis erfolgt erst unter Scheschonk III., siehe ibid. § 300.

Osorkon III., Takeloth III. und die Gottesgemahlin Schepenupet I. dekorieren ein kleines Osiris-Heiligtum im Ostteil des Karnaktempels, siehe den Vorbericht von D. B. Redford, JEA 59, 1973, 16—30.

Zu *Kaschta in Ägypten* siehe J. Leclant, ZÄS 90, 1963, 74—78 und K.-H. Priese: Der Beginn der kuschitischen Herrschaft in Ägypten, ZÄS 98, 1970, 16—32.

Pianchi wird seit einiger Zeit als Pije gelesen (R. A. Parker, ZÄS 93, 1966, 111—114; K.-H. Priese, Mitteil. des Instituts für Orientforschung 14, 1968, 166—175; J. von Beckerath, MDIK 24, 1969, 58 bis 62), vgl. jetzt aber G. Vittmann, Orientalia 43, 1974, 12—16.

Zur *Äthiopenzeit* (25. Dynastie) allgemein J. Leclant: Recherches sur les monuments thébains de la XXVe dynastie dite éthiopienne 2 Bde., Kairo 1965. Die wichtigsten historischen Quellen (Siegesstele des Pianchi u. a.) bei H. Schäfer: Urkunden der älteren Äthiopenkönige, 1905, und M. F. L. Macadam: The Temples of Kawa, 2 Bde., London 1949—55. Zum *Archaismus* der Spätzeit vgl. H. Brunner, Saeculum 21, 1970, 151—161.

Die Institution der *„Gottesgemahlin"* behandelt C. E. Sander-Hansen: Das Gottesweib des Amun, Kopenhagen 1940; zu den Vorgängerinnen von Schepenupet I. siehe J. Yoyotte, Bull. Société franç. d'Egyptologie 64, 1972, 31—52. Die Sedfeste und andere Regalien haben wohl fiktiven Charakter.

Bocchoris behandelt J. Janssen: Over farao Bocchoris, in: Varia historica ... A. W. Byvanck, Assen 1954, S. 17—29. Er wird auch in Tanis als König anerkannt, also im gesamten Delta (J. Yoyotte, Kêmi 21, 1971, 44 f.). Zum Datum der Unterwerfung des Deltas durch Schabaka (712) jetzt A. Spalinger, Journ. of the American Research Center in Egypt 10, 1973, 95—101. K.-H. Priese, ZÄS 98, 1970, 19 und K. Baer, JNES 32, 1973, 23 f. rechnen mit dem Fortbestand der unterworfenen Dynastie, die ohne Bruch in die 26. übergeht.

Die *Asienpolitik der Äthiopen* ist unter Schabaka friedlich, während sein Nachfolger Schebitku, dessen Regierungsantritt Kitchen auf 702 ansetzt, in neue Kämpfe verwickelt wird; ein ägypt. Heer unter dem Befehl des jungen Taharka wird 701 bei Eltekeh von Sanherib geschlagen (Kitchen, a. a. O., § 346).

Zu *Monthemhat* J. Leclant: Montouemhat, Kairo 1961, und H. Kees: Die priesterliche Stellung des Monthemhet, ZÄS 87, 1962, 60—66.

Zur *Nilflut unter Taharka* V. Vikentiev: La haute crue du Nil, Kairo 1930; J. Leclant and J. Yoyotte, Kêmi 10, 1949, 28—42.

Zur *assyrischen Eroberung* siehe Kitchen, a. a. O., §§ 352 ff. und A. Spalinger: Esarhaddon and Egypt, Orientalia 43, 1974, 295—326.

Für die *26. Dynastie* siehe außer den schon erwähnten Werken von Kienitz und Gyles H. de Meulenaere: Herodotos over de 26ste dynastie, Louvain 1951, G. Vittmann: Die Familie der saitischen Könige, Orientalia 44, 1975, 375—387 und zur Asienpolitik D. B. Redford, Journ. of the American Oriental Society 90, 1970, 474—484. Ein grundlegendes Werk zur Kunst dieser Dynastie und der ganzen Spätzeit ist: Brooklyn Museum — Egyptian Sculpture of the Late Period 700 B. C. to A. D. 100, New York 1960.

Zur letzten Erwähnung eines *„Oberhäuptlings" der Libyer* (Padichons) siehe F. Gomaà: Die libyschen Fürstentümer des Deltas (1974), S. 99 f. und zu *Sematauitefnacht* H. S. K. Bakry, Kêmi 20, 1970, 19 bis 36; vgl. ferner zur Innenpolitik Psammetichs I. V. Wessetzky, ZÄS 88, 1962, 69—73.

Adoption der Nitokris: R. A. Caminos, JEA 50, 1964, 71—101 und J. Vandier, ZÄS 99, 1972, 29—33. Das wichtigste Dokument zur Verwaltung Thebens in dieser Zeit bei R. A. Parker: A Saite Oracle Papyrus from Thebes, Providence 1962. Aba, den ersten saitischen Verwalter, behandelt E. Graefe, Chronique d'Egypte 46, 1971, 234 bis 244 und ders., Studien zur altägypt. Kultur 1, 1974, 201 bis 206.

Quellen zur *Religion der Spätzeit* im persönlichen Bereich bei E. Otto: Die biographischen Inschriften der ägypt. Spätzeit, Leiden 1954. Zum *Totenkult alter Könige* D. Wildung: Die Rolle ägypt. Könige im Bewußtsein ihrer Nachwelt, Teil I, 1969. Für die *Überlieferung der Jenseitstexte* hat das Grab des Petamenophis besondere Bedeutung, siehe A. Piankoff, BIFAO 46, 1947, 73—92 und F. W. von Bissing, ZÄS 74, 1938, 2—26.

Für die *Beteiligung Ägyptens am Endkampf Assyriens* grundlegend D. J. Wiseman: Chronicles of Chaldaean Kings, London 1956. Zu den weiteren Ereignissen bis 586 vgl. A. Malamat: The Last Kings of Judah and the Fall of Jerusalem, Israel Exploration Journ. 18, 1968, 137—156 und ders.: The Twilight of Judah, Suppl. Vetus Testamentum 28, 1975, 123—145.

Zum *Kanal vom Nil zum Roten Meer* siehe G. Posener, Chronique d'Egypte 13, 1938, 258—273.

Psammetich II. Seinen Nubienfeldzug behandeln S. Sauneron und J. Yoyotte, BIFAO 50, 1952, 157—207, die Namenstilgung äthiopischer Könige durch ihn J. Yoyotte, Revue d'Egyptologie 8, 1951, 215 bis 239.

Reich von Meroë: Überblick über Geschichte und Kultur bei P. L. Shinnie: Meroe, London 1967; F. und U. Hintze: Alte Kulturen im Sudan, 1966. Vgl. auch I. Hofmann: Studien zum meroitischen Königtum, 1971.

Eroberung Jerusalems. Zur Kontroverse um das genaue Datum siehe A. Malamat, Israel Exploration Journ. 18, 1968, 150 ff. (586) und E. Kutsch, Biblica 55, 1974, 520—543 (587).

Jüdische Kolonie auf Elephantine: Siehe B. Porten: Archives from Elephantine, Berkeley und Los Angeles 1968; P. Grelot: Documents araméens d'Egypte, Paris 1972.

Gottesgemahlin Anchnesneferibrê. Ihr Sarkophag im British Museum ist eine wichtige Quelle zur Religion der Zeit, siehe C. E. Sander-Hansen: Die relig. Texte auf dem Sarg der Anchnesneferibre, Kopenhagen 1937.

Zu *Amasis* H. de Meulenaere: La famille du roi Amasis, JEA 54, 1968, 183—187, zu seinen Reformen E. Jelínková-Reymond, ASAE 54, 1957, 251—287. Die Beziehungen mit Griechenland im 6. und 5. Jahrhundert behandelt P. Salmon: La politique égyptienne d'Athènes, Brüssel 1965. Zu einer Unternehmung des Amasis in Nubien siehe K.-Th. Zauzich, ZDMG Suppl. I (1969), S. 46 f.

Lehre des Anch-Scheschonki veröffentlicht von S. R. K. Glanville: The Instructions of Onchsheshonqy, London 1955.

Psammetich III. und *Aufstandsversuch* gegen die Perser: J. Yoyotte, Revue d'Egyptologie 24, 1972, 216—223 rechnet für 522/520 mit einem Prätendenten Petubastis III., vgl. zu einem ägypt. Aufstand beim Thronwechsel auch V. V. Struve, Palestinskij Sbornik 63, 1954, 7—13. Ein Beispiel für die *Frömmigkeit der letzten Saitenkönige* bei J. Vercoutter: Textes biographiques du Sérapéum de Memphis. Paris 1962, S. 37—43.

Zu *Ägypten als Satrapie des persischen Reiches* (27. Dynastie) siehe allgemein G. Posener: La première domination Perse en Egypte, Kairo 1936, und E. Bresciani: La satrapia d'Egitto, Studi Classici e Orientali 7, 1958, 132—188. Die Perser erheben wohl Memphis zum Zentrum ihrer Herrschaft, vgl. J. Yoyotte, BIFAO 71, 1972, 1—10. Zu persischen Einflüssen auf die ägypt. Kunst siehe J. D. Cooney, Journ. of the American Research Center in Egypt 4, 1965, 39—48.

Darius I. Eine überlebensgroße Statue des Königs, die nach ägypt. Vorbild angefertigt wurde und neben einem dreisprachigen Keilschrifttext auch eine Hieroglypheninschrift trägt, ist im Dezember 1972 in

Susa entdeckt worden, siehe Journal Asiatique 1972, 235—266 und J. Leclant, Orientalia 43, 1974, 218 f. Zum *Tempel von Hibis* W. D. van Wijngaarden, ZÄS 79, 1954, 68—72.

Griechische Waffenhilfe: Vgl. die zu Amasis genannte Arbeit von Salmon; dort auch zum Aufstand des Inaros, der 459 bei Papremis über ein persisches Heer siegt.

Zu *Herodot in Ägypten* siehe u. a. J. A. Wilson: Herodotus in Egypt, Leiden 1970, und M. Kaiser bei S. Morenz: Die Begegnung Europas mit Ägypten (2. Aufl. 1969), S. 241—304.

29. Dynastie. Zum Söldnerheer des Hakoris und den engen Beziehungen vor allem zu Cypern vgl. J. Barns: Cimon and the First Athenian Expedition to Cyprus, Historia 2, 1953, 163—176 und O. Masson, Bull. Société franç. d'Egyptologie 60, 1971, 37—40. Zu den ersten *Münzprägungen* in Ägypten J. W. Curtis: Coinage of Pharaonic Egypt, JEA 43, 1957, 71—76.

30. Dynastie. Die letzte einheimische Königsfamilie bespricht H. de Meulenaere, ZÄS 90, 1963, 90—93, die Chronologie J. H. Johnson, Enchoria 4, 1974, 14 ff. (zu den Angaben der „Demotischen Chronik"). Zur Kunst siehe H. W. Müller: Bildnisse König Nektanebos' I., Pantheon 28, 1970, 89—99. Nektanebos I. entfaltet eine rege Bautätigkeit in den Tempeln von Karnak und Luxor (Sphinxallee!), siehe M. Abd-el Razik, MDIK 23, 1968, 156—159.

Persische Rückeroberung: Zur Vorgeschichte (Befriedung Phöniziens) vgl. D. Barag, Bull. American Schools of Oriental Research 183, 1966, 6 ff. Eine Statue in Memphis erneuert das Andenken an einen ägypt. „Kollaborateur" unter Kambyses und Darius I., den Oberarzt Udjahorresnet, siehe R. Anthes: Mit Rahineh 1956, Philadelphia 1965, S. 98—100. Zum einheimischen (nubischen?) Gegenkönig Chabasch, der wohl in diese Zeit gehört, siehe I. S. Katznelson, ZÄS 93, 1966, 89—93.

Alexander der Große. Von einem seiner Generäle stammt der im Original erhaltene Befehl zum Schutz der heiligen Stätten in Saqqâra, die älteste griechische Papyrusurkunde aus Ägypten: E. G. Turner, JEA 60, 1974, 239—242.

Das *Grab des Petosiris* ist veröffentlicht von G. Lefebvre: Le tombeau de Petosiris, 3 Bde., Kairo 1923.

Zur *Welt der späten Tempel* siehe S. Sauneron und H. Stierlin: Derniers temples d'Egypte — Edfou et Philae, Paris 1975, und F. Daumas: Dendara et le temple d'Hathor, Kairo 1969.

Verehrung ägypt. Gottheiten im römischen Weltreich: Das Material in der von J. Vermaseren herausgegebenen Reihe Etudes préliminaires aux religions orientales dans l'Empire romain, Leiden 1961 ff.

Zum *Fortwirken Ägyptens* bis in die Gegenwart S. Morenz: Die Begegnung Europas mit Ägypten, 2. Aufl., Zürich und Stuttgart 1969.

DYNASTIEN-ÜBERSICHT

Wir geben hier keine vollständige Königsliste, sondern führen nur die wichtigeren Könige auf. Gegenüber der im Text verwendeten Chronologie haben wir der Frühzeit etwas mehr Spielraum gegeben, außerdem in Klammern eine Alternative für die 18. und 19. Dynastie, die sich als Konsequenz aus jüngsten Vorschlägen von M. L. Bierbrier, R. Krauß u. a. ergibt (Festlegung des Regierungsbeginns von Ramses II. auf 1279, Verkürzung der Regierung Merenptahs auf zehn Jahre, Streichung einer unabhängigen Regierung von Amenmesse), aber noch nicht als definitiv betrachtet werden kann. Wir geben jeweils den Geburtsnamen der Könige und setzen von der 12. Dynastie an den Thronnamen in Klammern (für die 11. Dynastie den Horusnamen, für die 1. Dynastie die griechische Form, die bei den Benutzern Manethos überliefert ist).

Vordynastisch

„Skorpion"	um 3000 v. Chr.
Ka (Zechen)	
Narmer	

1. Dynastie	um 2950—2770
Aha *(Athothis)*	
Djer *(Kenkenes)*	
Uadji *(Uenephes)*	
Dewen *(Usaphais)*	
Anedjib *(Miebis)*	
Semerchet *(Semempses)*	
Qa'a *(Ubienthes)*	

2. Dynastie	um 2770—2640
Hetepsechemui	
Raneb	
Ninetjer	

Peribsen	
Chasechemui	
3. Dynastie	um 2640—2575
Nebka	
Djoser	2624—2605
Sechemchet	
Huni	2600—2575
4. Dynastie	um 2575—2465
Snofru	2575—2551
Cheops (Chufu)	2551—2528
Djedefre	2528—2520
Chephren (Chafre)	2520—2494
Mykerinos (Menkaure)	2490—2471
Schepseskaf	2471—2467
5. Dynastie	um 2465—2325
Userkaf	2465—2458
Sahure	2458—2446
Neferirkare	2446—2427
Niuserre	2420—2396
Menkauhor	2396—2388
Djedkare (Asosi)	2388—2355
Unas	2355—2325
6. Dynastie	um 2325—2155
Teti	2325—2300
Userkare	
Merire Phiops I.	2300—2268
Merenre I.	2268—2254
Neferkare Phiops II.	2254—2160
Merenre II. Antiemsaf	
Nitokris	
7./8. Dynastie	um 2155—2134
Zahlreiche ephemere Herrscher	

9./10. Dynastie		2134—2040
Cheti *(Achthoës)* III.		
Merikare		
11. Dynastie		2134—1991
Antef I. *(Sehertaui)*	2134—2118	
Antef II. *(Wahanch)*	2118—2069	
Antef III. *(Nachtnebtepnefer)*	2069—2061	
Montuhotep I. *(Nebhepetre)*	2061—2010	
Montuhotep II. *(Seanchkare)*	2010—1998	
Montuhotep III. *(Nebtauire)*	1998—1991	
12. Dynastie		1991—1785
(Überschneidungen wegen Mitregentschaft)		
Amenemhat I. *(Sehetepibre)*	1991—1962	
Sesostris I. *(Cheperkare)*	1971—1926	
Amenemhat II. *(Nubkaure)*	1929—1892	
Sesostris II. *(Chacheperre)*	1897—1878	
Sesostris III. *(Chakaure)*	1878—1841?	
Amenemhat III. *(Nimaatre)*	1844—1797	
Amenemhat IV. *(Maacherure)*	1798—1789	
Nofrusobek	1789—1785	
13. Dynastie		um 1785—1650
(1) Ugaf *(Chutauire)*	1785—1783	
(12) Sobekhotep I. *(Chaanchre)*	um 1765	
(14) Auibre		
(16) Sobekhotep II. *(Sechemre-chutaui)*	um 1750	
(17) Chendjer *(Userkare)*		
(21) Sobekhotep III. *(Sechemre-seuadjtaui)*		
(22) Neferhotep I. *(Chasechemre)*	1741—1730	
(24) Sobekhotep IV. *(Chaneferre)*	um 1730/20	
(27) Aja *(Merneferre)*	um 1705	
und viele andere		
14. Dynastie		um 1715—1650
Nehsi und andere Kleinkönige im Delta		

15./16. Dynastie (Hyksos)	um 1650—1540
Salitis *(Sechaenre?)*	um 1650/40
Scheschi *(Maaibre?)*	
Yakobher	
Chian (Chajan, *Seuserenre*)	um 1620/10
Apopi *(Aauserre)*	1595—1550
Chamudi	1550—1540
17. Dynastie (Thebaner)	um 1650—1551
Antef *(Nubcheperre)*	um 1640
Ta'â I. *(Senachtenre)*	um 1580
Ta'â II. *(Seqenenre)*	um 1570/60
Kamose *(Uadjcheperre)*	1555—1551
18. Dynastie	1552—1306 (1540—1295)
Ahmose *(Nebpehtire)*	1552—1527 (1540—1515)
Amenophis I. *(Djoserkare)*	1527—1506 (1515—1494)
Thutmosis I. *(Aacheperkare)*	1506—1494 (1494—1482)
Thutmosis II. *(Aacheperenre)*	1493—1490 (1482—1479)
Hatschepsut *(Maatkare)*	1490—1468 (1479—1457)
Thutmosis III. *(Mencheperre)*	1490—1436 (1479—1425)
Amenophis II. *(Aacheprure)*	1438—1412 (1427—1401)
Thutmosis IV. *(Mencheprure)*	1412—1402 (1401—1391)
Amenophis III. *(Nebmaatre)*	1402—1364 (1391—1353)
Amenophis IV./Echnaton *(Neferchepr ure)*	1364—1347 (1353—1336)
Semenchkare *(Anchcheprure)*	
Tutanchamun *(Nebcheprure)*	1347—1338 (1336—1327)
Aja *(Cheperche prure)*	1337—1333 (1326—1322)
Haremhab *(Djosercheprure)*	1333—1306 (1322—1295)
19. Dynastie	1306—1186 (1295—1188)
Ramses I. *(Menpehtire)*	1306—1304 (1295—1293)
Sethos I. *(Menmaatre)*	1304—1290 (1293—1279)
Ramses II. *(Usermaatre setepenre)*	1290—1224 (1279—1213)
Merenptah *(Baenre meriamun)*	1224—1204 (1213—1203)
Sethos II. *(Usercheprure setepenre)*	1204—1194 (1203—1196)

Amenmesse *(Menmire)*		
Siptah *(Achenre setepenre)*	1194—1188	(1196—1190)
Tausret *(Satre meriamun)*	1188—1186	(1190—1188)
20. Dynastie	1186—1070	
Sethnacht *(Userchaure meriamun)*	1186—1184	
Ramses III. *(Usermaatre meriamun)*	1184—1153	
Ramses IV. *(Hekamaatre setepenamun)*	1153—1146	
Ramses V. *(Usermaatre secheperenre)*	1146—1142	
Ramses VI. *(Nebmaatre meriamun)*	1142—1135	
Ramses VII. *(Usermaatre setepenre meriamun)*	1135—1129	
Ramses VIII. *(Usermaatre achenamun)*	1129—1127	
Ramses IX. *(Neferkare setepenre)*	1127—1109	
Ramses X. *(Chepermaatre setepenre)*	1109—1099	
Ramses XI. *(Menmaatre setepenptah)*	1099—1070	
21. Dynastie	1070— 945	
Smendes *(Hedjcheperre setepenre)*	1070—1044	
Psusennes I. *(Aacheperre setepenamun)*	1040— 990	
Amenemope *(Usermaatre setepenamun)*	993— 984	
Siamun *(Netjercheperre setepenamun)*	978— 960	
Psusennes II. *(Titcheprure setepenre)*	960— 945	

22. Dynastie (Bubastiden)		945— 722
Scheschonk I.		
(Hedjcheperre setepenre)	945— 924	
Osorkon I.		
(Sechemcheperre setepenre)	924— 887	
Osorkon II.		
(Usermaatre setepenre)	862— 833	
Takeloth II.		
(Hedjcheperre setepenre)	839— 814	
Scheschonk III.		
(Usermaatre setepenre)	814— 763	
Pimui		
(Usermaatre setepenre)	763— 758	
Scheschonk V.		
(Aacheperre setepenre)	758— 722	
23. Dynastie		808— 715
Petubastis		
(Usermaatre setepenamun)	808— 783	
Osorkon III.		
(Usermaatre setepenamun)		um 760/50
Takeloth III.		
(Usermaatre setepenamun)		um 740
Rudjamun		
(Usermaatre setepenamun)		um 730
24. Dynastie		725— 712
Tefnacht *(Schepsesre)*	725— 718	
Bocchoris *(Uahkare)*	718— 712	
25. Dynastie (Äthiopen)		712— 664
Kaschta *(Maatre?)*	?— 740	
Pianchi		
(Pije; *Usermaatre* u. a.)	740— 713	
Schabaka *(Neferkare)*	712— 698	
Schebitku *(Djedkaure)*	698— 690	
Taharqa *(Chunefertemre)*	690— 664	
Tanutamun *(Bakare)*	664— 656	

Assyrische Besetzung		671— 664
26. Dynastie (Saïten)		664— 525
Necho I. *(Mencheperre)*	672— 664	
Psammetich I. *(Uahibre)*	664— 610	
Necho II. *(Uhemibre)*	610— 595	
Psammetich II. *(Neferibre)*	595— 589	
Apries *(Haaibre)*	589— 570	
Amasis *(Chnumibre)*	570— 526	
Psammetich III. *(Anchkaenre)*	526— 525	
27. Dynastie (Persische Herrschaft)		525— 404
28. Dynastie: Amyrtaios		404— 399
29. Dynastie		399— 380
Nepherites I. *(Baenre merinetjeru)*	399— 393	
Psammuthis *(Userre setepenptah)*	393	
Hakoris *(Chnemmaatre)*	393— 380	
Nepherites II.	380	
30. Dynastie		380— 343
Nektanebos I. (Nachtnebef; *Cheperkare*)	380— 362	
Teos (Djedhor; *Irmaatenre*)	362— 360	
Nektanebos II. (Nachthorehbit; *Senedjemibre*)	360— 343	
Zweite Perserherrschaft		343— 332
Makedonen		332— 305
Ptolemäer		305— 30 v. Chr.
Römische und byzantinische Herrschaft		30 v. — 642 n. Chr.

ABKÜRZUNGEN

ÄgAbh	=	Ägyptologische Abhandlungen
ÄgFo	=	Ägyptologische Forschungen
ASAE	=	Annales du Service des Antiquités de l'Egypte
BIFAO	=	Bulletin de l'Institut français d'archéologie orientale
JEA	=	Journal of Egyptian Archaeology
JNES	=	Journal of Near Eastern Studies
MÄS	=	Münchner Ägyptologische Studien
MDIK	=	Mitteilungen des Deutschen Archäologischen Instituts, Abteilung Kairo
MDOG	=	Mitteilungen der Deutschen Orientgesellschaft
Urk.	=	Urkunden des ägyptischen Altertums
WZKM	=	Wiener Zeitschrift für die Kunde des Morgenlandes
ZÄS	=	Zeitschrift für ägyptische Sprache und Altertumskunde
ZDMG	=	Zeitschrift der Deutschen Morgenländischen Gesellschaft